Buch: 201

1 Ernährung bei TCM - Blase - Feuchtigkeit und Kälte in der Blase

Diese Empfehlungen bitte immer mit Ernährungsberater/in, Arzt oder Diätologen/in absprechen! Die Rezepte und Zutatenlisten unterstützen die medizinischen Therapien.

Die Kalorienangaben frischer Zutaten (Obst und Gemüse) und die Inhaltsstoffe schwanken je nach Qualität und Erntezeit. Die Inhalte wurden von einer Diätologin und einer Ernährungsberaterin für die Traditionelle Chinesische Medizin (TCM) geprüft.

Autor:
©2019 Josef Miligui

AF189540

Quelle:
Die Listen werden aus der EBNS-Datenbank für die Ernährungsberatung generiert. Die Datenbank wird von Ernährungsberater, Therapeuten und Ärzte für die Beratung der Patienten/Klienten verwendet und ermöglicht eine Kombination mehrerer Syndrome.

Literaturliste:
Wir haben die Unterlagen als Wissensbasis genutzt und an unsere Erfahrungen angepasst und ergänzt.
www.ebns.at

Herstellung und Verlag:
BoD – Books on Demand, Norderstedt
ISBN: 9783748128779

2 Therapiestrategie

Kälte vertreiben, Feuchtigkeit auflösen, Wasserwege durchgängig machen. Diese Kälte schlägt rasch in Hitze um.

3 Vermeiden

*

---

4 Speiseplan

Kkal p. Portion

4.1 Frühstück

4.2 Jause

4.3 Mittag

4.4 Nachmittag

4.5 Abend

4.6 Jederzeit

5 Rezepte

empfehlenswert = Sie können mehr verwenden, weniger = wenn möglich weniger verwenden.
TL=Teelöffel, EL=Esslöffel, L=Liter, g=Gramm,

5.1 8 Schätze Reis

Stärkt Niere und Blase, Baut Qi auf, Stärkt die Milz, Vertreibt Feuchtigkeit, reduziert innere Hitze, beugt Krebs vor, baut Herz auf, beruhigt Nerven.
Kochzeit 1 Stunde
Kalorien p. Portion: 223
4 Portionen

Zutaten:

Lilienzwiebel 1 EL / 5g. - kühl - süß, bitter.. *
Longane 1 EL / 5g. - warm - süß...ja
Weißwurz 1 EL / 5g. - neutral - süß, bitter..ja
Yamswurzel, Yamswurzelknolle 1 EL / 5g. - neutral - süß ....empfehlenswert
Hiobsträne (Samen) YiYi Ren 1 EL / 5g. - kühl - süß, neutral .... wenig
Reis Wilder (Naturreis) 2 Tassen / 240g. - neutral - süß, bitter .empfehlenswert
Wasser 8-10 Tassen / 800g. - kühl - salzig ....ja

Kochanleitung:

je 1 EL: Bai He (Lilienzwiebel), Longan (Longane/Drachenaugenfrucht), Yu Zhu (Wohlriechender Weißwurz-Wurzelstock), Da Zao, Shan Yao (Yamswurzel, Yamswurzelknolle), Lian Mi, Yi Yi Ren (Samen der Hiobsträne), Qian Shi (Makannasternsamen)

Mit heißem Wasser übergießen und ca. 30 Min einweichen.
Anschließend: 1 – 2 Tassen Reis (normal) hinzufügen und ½ bis 1 Stunde köcheln, bis der Reis sehr weich ist. Oder: Mit Vollwertreis ca. 3 Stunden lang mit den Kräutern ein Congee kochen. Dann müssen die Kräuter nicht eingeweicht werden.

5.2 Belugalinseneintopf mit Gemüse

Tonisiert Qi und Blut, stärkt Nieren und Milz, leitet Feuchtigkeit und Hitze aus.
Kochzeit 20 min.
Kalorien p. Portion: 201
5 Portionen

Zutaten:

Linsen (Helmbohnen) 2 Tassen / 240g. - neutral - süß, sauer ....ja
Wasser 4-5 Tassen / 500g. - kühl - salzig ....ja
Karotte (Mohrrübe, Möhre) 3 Stück / 150g. - neutral - süß..................ja
Lauch (Porree) 1 Stück / 300g. - warm - scharf.....................ja
Kohlrabi 1/2 Stück / 200g. - neutral - scharf, süß ....ja
Tomate 2 Stück / 80g. - kalt - süß-sauer .... wenig
Zwiebel weiss 1 Stück / 50g. - warm - scharf ....ja
Lorbeerblatt 2 Blatt / 1g. - warm - scharf ....ja
Fenchel 1 Stück / 250g. - warm - süß, etwas scharf .... wenig
Sternanis 2 Stück / 1g. - heiß - scharf.....................ja
Wacholderbeere 6 Stück / 2g. - warm - süß, scharf, bitter ....empfehlenswert
Chili (Schote oder gemahlen) 1 Prise / 0,2g. - heiß - scharf..................ja
Olivenöl 3 EL / 30g. - kühl - süß.....................empfehlenswert
Salz 1 Prise / 1g. - kalt - salzig .... wenig
Ingwer frisch 1/2 TL / 2g. - warm - scharf.....................empfehlenswert
Schwarzkümmel 1 Prise / 1g. - warm - scharf, süß ....ja

Kochanleitung:

Öl in heißem Topf erhitzen. Zwiebel andünsten und gewürfeltes
Gemüse und Gewürze, Linsen (gut gewaschen) und Salz dazugeben.
Mit kaltem Wasser ausreichend (3 Fingerbreit) bedecken und 20 min
auf kleiner Flamme kochen.
Mit frischen Kräutern und Schwarzkümmel bestreuen
Passt sehr gut zu Reis!

5.3   Dicke Erbsensuppe für den Winter

Nährt Qi, diuretisch, harmonisiert Qi (v.a. im Mittleren und Unteren
Erwärmer). Stärkt die Niere und das Abwehr-Qi; erwärmt. Leitet
Feuchtigkeit aus.
Kochzeit 2-3 Stunden
Kalorien p. Portion: 123
3 Portionen
Allergene: AN

Zutaten:

Erbse, grün 150 g. / 150g. - neutral - süß.....................ja
Wasser 600 ml. / 550g. - kühl - salzig ....ja
Sesamöl 1 EL / 20g. - kühl - süß ....ja
Zwiebel weiss 1/2 Stück / 25g. - warm - scharf ....ja
Ingwer frisch 1/2 TL / 1g. - warm - scharf.....................empfehlenswert
Kümmel 1/2 TL / 1g. - warm - scharf.....................wenig
Hafer Schrot 1 EL / 15g. - warm - süß.....................wenig
Salz 1 Prise / 1g. - kalt - salzig.....................wenig
Petersilie 1 Stängel / 2g. - warm - bitter ....ja

Kochanleitung:
Erbsen vorher einweichen; in einem heißen Topf Sesamöl, Zwiebel, etwas Haferschrot, Ingwer und Kümmel andünsten; Erbsen zugeben und 2-3 Stunden köcheln; am Schluss Salz zugeben; mit Petersilie garnieren.

5.4 Fenchel-Reissuppe

Reguliert Qi, wärmt das Innere, senkt Kälte ab, stärkt Magen, lindert Obstipation, stärkt Yang, löst Schleim, reduziert Wind, verteilt. Stärkt Qi und Nieren-Jing, baut Qi auf.
Kochzeit 15-20 Min.
Kalorien p. Portion: 156
2 Portionen
Allergene: EG

Zutaten:
Grundrezept für eine Reissuppe (Congee) 300 ml. / 300g. - neutral - süß......ja
Fenchel 1/2 Stück / 150g. - warm - süß, etwas scharf .... wenig
Butter Bio 1 EL / 15g. - neutral - süß.. wenig
Sojasauce 1 Schuss / 3g. - kalt - salzig.. wenig

Kochanleitung:
In der Reissuppe nach Grundrezept den Fenchel weich kochen. Vor dem Servieren einen Stück Butter und etwas Sojasoße zugeben.

5.5 Gegrillte Lammkotletts mit Süßkatoffelpüre und Blattgemüse

Stärkt Milz- und Nieren-Yang, stärkt Qi, erwärmt Mittleren und Unteren Erwärmer. Baut Herz und Adern auf, befeuchtet Atemwege. Fördert Magen-Milz-Harmonie.
Kochzeit 45 Min.
Kalorien p. Portion: 914
2 Portionen
Allergene: E

Zutaten:
Lamm Fleisch 6 Stück (Koteletts) / 300g. - warm - süß........................... wenig
Knoblauch 2 Zehen / 3g. - heiß - scharf...................................empfehlenswert
Rosmarin 2 EL / 5g. - warm - bitter ....ja
Salz 1 Prise / 1g. - kalt - salzig .... wenig
Olivenöl 2 EL / 20g. - kühl - süß ....empfehlenswert

Süßkartoffel 300 g. / 300g. - warm - süß..ja
Basilikum 1 EL / 3g. - warm - scharf, bitter.............................empfehlenswert
Sojabohnenmilch 100 g. / 100g. - kühl - süß...ja
Basilikum 1 EL / 3g. - warm - scharf, bitter.............................empfehlenswert
Salz 1 Prise / 1g. - kalt - salzig... wenig
Muskatnuss 1 Prise / 0,5g. - warm - scharf.............................empfehlenswert
Pfeffer gemahlen 1 Prise / 0,5g. - warm - scharf..................................... wenig
Mangold 2 Handvoll / 20g. - kühl - bitter, süß.. wenig
Spinat 2 Handvoll / 20g. - kühl - süß, rau..ja
Wirsing/Grünkohl 2 Handvoll / 20g. - neutral - süß......................................ja
Weißkohl/Weißkraut 2 Handvoll / 20g. - neutral - süß...................................ja
Kräuter verschiedene 1 Handvoll / 10g. - - *...ja
Olivenöl 2 EL / 20g. - kühl - süß..empfehlenswert
Salz 1 Prise / 1g. - kalt - salzig... wenig
Pfeffer gemahlen 1 Prise / 0,5g. - warm - scharf..................................... wenig

Kochanleitung:

Lammkoteletts: Den Backofengrill auf ca. 180 Grad vorheizen und für
das Einschubgitter eine Höhe wählen, dass die Koteletts etwa 8 bis 12
cm von der Wärmequelle entfernt sind. Die Koteletts von
überschüssigem Fett befreien und in eine feuerfeste Form legen. Das
Fleisch zunächst mit Knoblauch, dann mit der Rosmarin-Salz-Mischung
einreiben und einige TL Olivenöl darüber verteilen. Die Lammkoteletts
einmal wenden, damit sie beidseitig mit Öl überzogen sind, unter den
Grill schieben und von beiden Seiten jeweils 5 bis 7 Minuten grillen
beziehungsweise so lange, bis das Fleisch gut gebräunt ist.
Süßkartoffelpüree:
Alle Süßkartoffeln schälen und in große Würfel schneiden, in
Salzwasser weich kochen und abseihen. Im 100 °C heißen Rohr für
einige Minuten ausdampfen lassen. Süßkartoffeln in der
Küchenmaschine mit abgezupften Basilikumblättern kurz pürieren. Ca.
1/8 l Sojamilch mit Basilikum einmal aufkochen, dann etwas
durchziehen lassen und abseihen und mit den passierten Süßkartoffeln
verrühren. Mit Salz, Pfeffer, Muskatnuss würzen. Je nach Konsistenz
des Pürees noch etwas mehr Milch zugeben.

Gedünstetes Blattgemüse:
Nach Jahreszeit Mangold, Spinat, Wirsing, Weißkohl, frische Kräuter
und dem Beifuß in einem Topf mit Olivenöl weichdünsten. Mit Salz und
Pfeffer abschmecken

5.6 Geschnetzeltes Huhn mit Walnüssen und Sherry

Erwärmend und nährend, leitet das Qi nach oben. Stärkt Blut, Milz und Niere.
Kochzeit 25 Min.
Kalorien p. Portion: 304
4 Portionen
Allergene: EGHN

Zutaten:

Butter Bio 2 EL / 35g. - neutral - süß.. wenig
Walnüsse 2 EL / 25g. - warm - süß .... wenig
Ingwer frisch 1/2 TL / 2g. - warm - scharf...............................empfehlenswert
Zwiebel Schalotte 2 Stück / 40g. - warm - scharf, süß ....ja
Salz 1 Prise / 1g. - kalt - salzig... wenig
Huhn Fleisch 300 g. / 300g. - warm - süß ....empfehlenswert
Rosenpaprika Pulver 1 Prise / 1g. - warm - ....ja
Sesam, Weißer 1 TL / 2g. - neutral - süß ....ja
Schwarzer Fungu Pilz 4 Stück / 3g. - neutral - süß ....ja
Shiitake, getrocknet 4 Stück / 5g. - neutral - süß................................ wenig
Sojasauce 1 Schuss / 3g. - kalt - salzig... wenig
Reis Vollkorn 1 Tasse / 120g. - warm - süß ....empfehlenswert
Wasser 6 Tassen / 550g. - kühl - salzig ....ja
Salz 1 Prise / 1g. - kalt - salzig .... wenig

Kochanleitung:
In einer heißen Pfanne Butter oder Sesamöl erhitzen; Walnüsse, reichlich geriebenen Ingwer, kleingeschnittene Schalotten oder Zwiebeln sanft anbraten; Salz und das geschnetzelte Huhn dazugeben und rundum anbraten; Rosenpaprika, gerösteten Sesam, eingeweichter schwarze Fungu, Shiitakepilze oder Champignons dazugeben; mit einem Schuss Sherry ablöschen; 5 - 10 Minuten köcheln lassen, bis das Fleisch gar ist; mit Sojasoße abschmecken.
Den Reis im gesalzenen Wasser zustellen, aufkochen lassen und bei kleiner Hitze ca. 15 Min. Quellen lassen.
Dazu passt: Feldsalat, Radicchio

5.7 Grundrezept für eine Gemüsebrühe nahrhaft

Stärkt Milz und Lunge, reguliert Qi-Fluss, baut Qi auf, trocknet aus, leitet nach unten. Stärkt Magen-Qi.
Kochzeit 2-3 Stunden
Kalorien p. Portion: 48
5 Portionen
Allergene: L

Zutaten:
Olivenöl 1 EL / 4g. - kühl - süß ....empfehlenswert
Zwiebel weiss 1 Stück / 60g. - warm - scharf ....ja
Karotte (Mohrrübe, Möhre) 3 Stück / 200g. - neutral - süß..................ja
Pastinake 150 g. / 150g. - kühl - bitter....................................empfehlenswert
Sellerie Knolle 1 Tasse / 100g. - kühl - süß................................ wenig
Ingwer frisch 1/2 TL / 2g. - warm - scharf................................empfehlenswert
Zitrone 1/2 Stück / 25g. - kalt - sauer ....weniger als angegeben
Wacholderbeere 6 Stück / 6g. - warm - süß, scharf, bitter ....empfehlenswert
Thymian getrocknet 1 Prise / 1g. - warm - bitter.............................ja
Liebstöckel 1 EL / 3g. - warm - scharf, bitter ....ja
Lorbeerblatt 2 Blätter / 1g. - warm - scharf...................................ja
Salz 1 Prise / 1g. - kalt - salzig.. wenig
Wasser 3/4 Liter / 650g. - kühl - salzig ....ja

Kochanleitung:
Gemüse würfelig schneiden. In heißem Topf Öl erhitzen, Zwiebel und
Gemüse anbraten, Ingwer und Lorbeer dazugeben. Mit kaltem Wasser
aufgießen, Zitronensaft zugeben. Mit Wacholder, Thymian und
Liebstöckel würzen. 2 – 3 Stunden auf kleiner Flamme zugedeckt
köcheln. Das verwendete Gemüse soll weggeworfen werden. Das
Grundrezept dient als Suppengrundlage und zur Verfeinerung von
Gemüse, Hülsenfrüchte oder Getreide. Wollen Sie gleich
Gemüsesuppe essen, geben Sie eine halbe Stunde vorher das
gewünschte Gemüse dazu.

5.8 Grundrezept für eine Hühnerbrühe wärmend

Stärkt Qi und Blut; ist sehr wärmend.
Kochzeit 2-3 Stunden
Kalorien p. Portion: 90
9 Portionen
Allergene: L

Zutaten:
Huhn Fleisch 1/2 Stück / 600g. - warm - süß ....empfehlenswert
Karotte (Mohrrübe, Möhre) 2 Stück / 150g. - neutral - süß...........................ja
Lauch (Porree) 1 Stange / 45g. - warm - scharf...............................ja
Sellerie Knolle 1 Stück / 500g. - kühl - süß.................................... wenig
Ingwer frisch 2 Scheiben / 2g. - warm - scharf ....empfehlenswert
Bockshornklee 1 TL / 2g. - neutral - ....ja
Wacholderbeere 1 TL / 3g. - warm - süß, scharf, bitter ....empfehlenswert
Lorbeerblatt 3 Stück / 2g. - warm - scharf ....ja
Wasser 1 Liter / 900g. - kühl - salzig ....ja

Kochanleitung:
Hühnerteile vom Fett befreien, in einem Topf mit heißem Wasser geben und kurz aufkochen lassen, entstehenden Schaum abschöpfen. Grob geschnittenes Gemüse und alle Gewürze zugeben und 2 – 3 Stunden bei mittlerer Hitze kochen. Fertige Suppe abseihen. Gemüse und Knochen wegwerfen. Tipp: Wenn Sie das Fleisch als Suppeneinlage weiter verwenden möchten, nach 45 Minuten rausnehmen und nur die Knochen in die Suppe zurückgeben.

5.9 Grundrezept für eine Reissuppe (Congee)

Wärmt Magen und Milz, harmonisiert den Darm, stärkt Qi-Funktion, reduziert Feuchtigkeit.
Kochzeit 2-4 Stunden
Kalorien p. Portion: 140
3 Portionen

Zutaten:
Reis Sorte beliebig 1 Tasse / 120g. - warm - süß .... wenig
Wasser 6 Tassen / 700g. - kühl - salzig ....ja

Kochanleitung:
Man kocht Reis und Wasser in einem Verhältnis von etwa 1:6. Die Menge des Wassers bestimmt die Dicke des Breis (reine Geschmackssache). Der Reis quillt unwahrscheinlich auf, nehmen Sie also nicht viel. Geben Sie den Reis in einen Topf mit einem schweren Deckel. Wichtig ist, den Reis nach kurzem Aufkochen nur auf kleinster Flamme köcheln zu lassen, da er sonst anbrennt. Kochen Sie den Reis 2-4 Stunden. Je länger er kocht, umso mehr stärkt er. Wenn Sie das Gericht zum Frühstück essen möchten, können Sie den Reis auch kurz vor dem Zubettgehen aufsetzen. Sicherheitshalber sollten Sie vorher einmal unter Beobachtung für eine ähnlich lange Zeit das Verhalten Ihres Topfes und Herdes prüfen, damit nichts anbrennt.

5.10 Grundrezept für eine Rinderbrühe (klar)

Stärkt Qi und Yang; ist sehr erwärmend.
Kochzeit 4-8 Stunden
Kalorien p. Portion: 114
10 Portionen
Allergene: O

Zutaten:

Rind Suppenfleisch 500 g. / 500g. - warm - süß .... wenig
Rind Fleischknochen 200 g. / 200g. - warm - süß .... wenig
Essig (Rotweinessig) 1 Schuss / 3g. - warm - sauer, bitter .... wenig
Wacholderbeere 8 Stück / 6g. - warm - süß, scharf, bitter ....empfehlenswert
Rosmarin 1 Prise / 1g. - warm - bitter...ja
Karotte (Mohrrübe, Möhre) 3 Stück / 210g. - neutral - süß...........................ja
Pastinake 2 Stück / 300g. - kühl - bitter...............................empfehlenswert
Lauch (Porree) 1 Stück / 200g. - warm - scharf....................................ja
Ingwer frisch 1/2 TL / 5g. - warm - scharf.............................empfehlenswert
Liebstöckel 1 Stiel / 15g. - warm - scharf, bitter.................................ja
Nelke 2 Stück / 2g. - warm - scharf ....ja
Piment 6 Stück / 12g. - heiß - scharf ....ja
Anis (gemeiner Fenchel) 2 Stück / 1g. - warm - scharf ....ja
Salz 1 TL / 5g. - kalt - salzig... wenig
Wasser 1 1/2 Liter / 1300g. - kühl - salzig...ja

Kochanleitung:

Wasser, einen Schuss Rotweinessig, einige Wacholderbeeren, etwas Rosmarin, Knochen und Fleisch zum Kochen bringen; Karotte, Pastinake, etwas Lauch, Ingwer, Liebstöckelgrün, Nelke, Piment, Sternanis und etwas Salz hinzufügen; alles 4-8 Stunden köcheln und abseihen; Brühe im Kühlschrank aufbewahren.

5.11 Herzhaftes Winterfrühstück

Stärkt Qi und Yang, Stärkt die Abwehrkräfte und erwärmt; hilft bei Qi- und Yang-Leere.
Kochzeit 20 min.
Kalorien p. Portion: 678
1 Portion
Allergene: ACEG

Zutaten:

Hafer Schrot 1 Tasse / 120g. - warm - süß .... wenig
Ingwer frisch 1/2 TL / 1g. - warm - scharf..............................empfehlenswert
Salz 1 Prise / 1g. - kalt - salzig... wenig
Zwiebel Frühlingszwiebel 2 Stück / 40g. - warm - scharf........................ja
Huhn Ei 1 Stück / 55g. - neutral - süß .... wenig
Butter Bio 1 EL / 15g. - neutral - süß.. wenig
Sojasauce 1 Schuss / 3g. - kalt - salzig.. wenig

Kochanleitung:

Haferschrot über Nacht einweichen. Am Morgen mit etwas Ingwer, Salz

und einer Frühlingszwiebel oder Lauch aufkochen und dann quellen lassen, bis der Brei weich ist. Vor dem Servieren ein ganzes Ei unter den Brei mengen, Butter zugeben und nach Geschmack mit etwas Sojasoße würzen.
Empfehlung: Besonders geeignet für die kalte Jahreszeit

5.12 Hirse mit Brombeeren

Hält Säfte, befeuchtet Lunge, tonisiert Blut, kühlt Blut, entgiftet, bewahrt die Säfte, zieht zusammen. Stärkt Milz und Niere, diuretisch. Stärkt Mittleren Erwärmer, befeuchtet.
Kochzeit 30 Min.
Kalorien p. Portion: 348
2 Portionen
Allergene: H

Zutaten:

Wasser 2 Tassen / 240g. - kühl - salzig ....ja
Hirse 1 Tasse / 100g. - kühl - süß, salzig ....ja
Walnüsse 2 EL gemahlene / 18g. - warm - süß .... wenig
Leinöl 1 EL / 10g. - neutral - süß ....empfehlenswert
Honig 2 EL / 20g. - kalt - süß.....................................weniger als angegeben
Ingwer frisch 1/2 TL gerieben / 1g. - warm - scharf...................empfehlenswert
Salz 1 Prise / 0,5g. - kalt - salzig... wenig
Brombeere 200 g. / 200g. - neutral - süß, sauer .... wenig
Acerola Fruchtnektar 1 TL / 2g. - warm - sauer............weniger als angegeben
Zitronenmelisse (frisch) 2-4 Blätter / 1g. - kühl - sauer..............empfehlenswert

Kochanleitung:

Wasser in einem Topf erhitzen und Hirse darin aufkochen. Walnüsse beigeben und Hirse auf kleiner Flamme zugedeckt 10-15 Minuten weich kochen. Hirse mit Honig, frisch geriebenen Ingwer, Salz und Acerola abschmecken und noch weitere 10 Minuten ausquellen lassen. In der Zwischenzeit Brombeeren waschen und Zitronenmelisse fein hacken. Hirse mit Brombeeren und Zitronenmelisse vermischen und warm servieren.
Tipp: Die Hirse kann gut am Abend vorgekocht werden. Am Morgen einfach kurz erwärmen, mit Brombeeren und Melisse vermischen und servieren.

5.13 Hirse mit Ei und Butter

Stärkt Blut, Yin und Jing, nährt Yin, befeuchtet bei innerer Trockenheit, stärkt Blut, stärkt Milz, beruhigt Nerven und Magen. Stärkt Milz und Niere, diuretisch. Stärkt Qi und Nieren-Jing, befeuchtet, entspannt, baut Qi auf, verteilt.
Kochzeit 25 Min.
Kalorien p. Portion: 338
2 Portionen
Allergene: CG

Zutaten:
Hirse 1 Tasse / 100g. - kühl - süß, salzig ....ja
Ingwer frisch 1/2 TL / 1g. - warm - scharf ....empfehlenswert
Salz 1 Prise / 0,5g. - kalt - salzig .... wenig
Petersilie 2 EL / 16g. - warm - bitter ....ja
Rosenpaprika 1 Prise / 1g. - warm - bitter..ja
Huhn Ei 2 Stück / 100g. - neutral - süß .... wenig
Butter Bio 2 EL / 20g. - neutral - süß.. wenig
Muskatnuss 1 Prise / 0,2g. - warm - scharf ....empfehlenswert
Wasser 2 Tassen / 200g. - kühl - salzig ....ja

Kochanleitung:
Die Hirse mit dem Ingwer und Muskatnuss im Wasser kochen. 1 weiches Ei pro Person kochen und schälen; die Hirse auf Tellern auftürmen und je 1 Ei in eine Mulde im Hirseberg legen; Butterflöckchen darüber geben. Mit gehackter Petersilie und dem Rosenpaprika bestreuen.

5.14 Huhn nach italienischer Art

Stärkt Qi, Blut und Jing, Mittleren Erwärmer, baut Milz und Magen auf, nährt Qi, stärkt Essenz, bewahrt die Säfte, befeuchtet.
Kochzeit 1 Stunde
Kalorien p. Portion: 410
4 Portionen
Allergene: M

Zutaten:
Olivenöl 3 EL / 30g. - kühl - süß ....empfehlenswert
Huhn Fleisch 1 Stück (in 8 Stücke geteilt) / 700g. - warm - süßempfehlenswert
Knoblauch 3 Zehen / 5g. - heiß - scharf ....empfehlenswert
Rosmarin 1/2 TL / 2g. - warm - bitter...ja
Salz 1 Prise / 1g. - kalt - salzig .... wenig
Pfeffer gemahlen 1 Prise / 0,5g. - warm - scharf .... wenig

Wasser 1/4 Liter / 20g. - kühl - salzig ....ja
Reis Basmatireis 1 Tasse / 120g. - neutral - süß .... wenig
Wasser 6 Tassen / 400g. - kühl - salzig ....ja
Salz 1 Prise / 1g. - kalt - salzig.. wenig
Kopfsalat 1 Stück / 300g. - kühl - süß, bitter.. wenig
Olivenöl 2 EL / 20g. - kühl - süß...empfehlenswert
Zitrone Saft 1/4 Stück / 7g. - kalt - sauer.....................weniger als angegeben
Senf 1 Prise / 3g. - warm - ....ja
Salz 1 Prise / 1g. - kalt - salzig.. wenig
Honig 1 Prise / 2g. - kalt - süß.................................weniger als angegeben

Kochanleitung:
In einer schweren Pfanne (mit Deckel) 1 EL Olivenöl bei niedriger
Temperatur erhitzen. Die Hühnerteile hineingeben und ein paar Minuten
anbraten. Sobald sie anfangen, Farbe anzunehmen, die restlichen 2 EL
Olivenöl und den Knoblauch zugeben. Die Geflügelteile im Öl wenden
und mit Rosmarin, Salz und Pfeffer bestreuen. Mit etwas Wasser
aufgießen und zum Kochen bringen. Die Wärmezufuhr drosseln, den
Deckel auflegen und das Huhn 35 bis 45 Minuten schmoren.
Dazwischen immer wieder nachsehen, ob noch genügend
Garflüssigkeit vorhanden ist, und bei Bedarf jeweils 1 bis 2 EL Wasser
aufgießen. Sobald sich das Fleisch vom Knochen löst, die Hühnerteile
auf die Teller verteilen, den Bratenrückstand in der Schmorpfanne mit
einigen EL Wasser oder Wein ablöschen und als Sauce über dem
Fleisch verteilen.
In der Zwischenzeit den Reis in einem Topf mit der sechsfachen Menge
gesalzenem Wasser, bei kleiner Flamme kochen.
Den Salat waschen und schleudern, kleinzupfen und in einer Schüssel
anrichten. In einer kleinen Schüssel das Olivenöl, Zitronensaft, etwas
Senf, Salz und Honig gut vermischen und zu dem Salat geben und
vermischen.

5.15 Hühnersuppe mit Angelikawurzel und Bocksdornfrüchten

Stärkt Milz und nährt das Blut und das Yin der Leber. Stärkt Qi und Blut;
ist sehr wärmend.
Kochzeit 1 1/2 Stunden
Kalorien p. Portion: 77
3 Portionen
Allergene: LO

Zutaten:
Grundrezept für eine Hühnerbrühe wärmend 1/2 Liter / 500g. - warm - * empfehlenswert
Angelikawurzel 5 g. / 5g. - - .... empfehlenswert
Bocksdornfrüchte (Fructus Lycii) getrocknet 50 g. / 50g. - kühl - süß, sauer .... ja

Kochanleitung:
Hühnerbrühe laut Grundrezepte. In den letzten 40 Minuten
Angelikawurzel und Bocksdornfrüchte mitkochen.
Einnahme: Täglich 2-3 Tassen Brühe trinken.

5.16 Hühnersuppe mit Grünkern, Petersilie und Sake

Stärkt Qi und Blut; ist sehr wärmend. Nährt Leber-Blut, bewahrt die
Säfte, zieht zusammen. Zerstreut und bewegt Qi, befeuchtet, reduziert
Kälte-Übel, weicht Knoten auf.
Kochzeit 1 1/2 Stunden
Kalorien p. Portion: 150
2 Portionen
Allergene: AL

Zutaten:
Grundrezept für eine Hühnerbrühe wärmend 1/2 Liter / 500g. - warm - * empfehlenswert
Grünkern 4 EL / 30g. - warm - sauer.. ja
Petersilie 2 EL / 14g. - warm - bitter... ja
Sake 1 Schuss / 2g. - warm - süß, bitter, scharf.......................... weniger als angegeben

Kochanleitung:
Die Zutaten in der Suppe 10 min. ziehen lassen.

5.17 Hülsenfrüchte

Stärkt Milz und Leber, reguliert Qi-Fluss, befeuchtet, entspannt, baut Qi
auf, verteilt. Nährt Blut und Qi, diuretisch, harmonisiert Qi (v.a. im
Mittleren und Unteren Erwärmer), entgiftet. Reduziert innere Hitze und
Feuchtigkeit.
Kochzeit 30 Min.
Kalorien p. Portion: 31
5 Portionen

Zutaten:

Pintobohnen gesprenkelt 100 g. / 100g. - neutral - süß ....ja
Linsen (Helmbohnen) 50 g. / 50g. - neutral - süß, sauer ....ja
Erbse, grün 50 g. / 50g. - neutral - süß ....ja
Wasser 1 Liter / 1000g. - kühl - salzig ....ja
Zitrone 1 Scheibe / 2g. - kalt - sauer ....weniger als angegeben
Wacholderbeere 5 Stück / 2g. - warm - süß, scharf, bitter ....empfehlenswert
Thymian 1 Zweig / 3g. - warm - bitter....................................empfehlenswert
Rosmarin 1 Zweig / 3g. - warm - bitter ....ja
Karotte (Mohrrübe, Möhre) 1 Stück / 100g. - neutral - süß............................ja
Bohnenkraut 1-2 TL / 5g. - warm - bitter..ja
Ingwer frisch daumengroßes Stück / 3g. - warm - scharf ....empfehlenswert
Lorbeerblatt 2-3 Blatt / 1g. - warm - scharf..ja
Wakame 1-2 Streifen / 1g. - kalt - salzig.. wenig

Kochanleitung:
Hülsenfrüchte wie Bohnen, Linsen, Erbsen oder Kichererbsen werden in reichlich kaltem Wasser mehrere Stunden bis zu 3 Tagen eingeweicht. Alle 8 Stunden sollte dabei das Wasser gewechselt werden. Danach Einweichwasser wegschütten und Hülsenfrüchte gründlich waschen.

Zubereitung:
Hülsenfrüchte mit frischem kaltem Wasser und einer Ingwerscheibe aufsetzen und zum Schäumen bringen. Ohne Deckel ca. 5 min kochen lassen, dabei den Schaum, der sich bildet abschöpfen. Erst danach folgende Zutaten geben: .... eine Zitronenscheibe oder Zitronensaft, Wacholderbeeren zerdrücken, Thymian; (ev. 1 Messerspitze Asafoetida bei großer Verdauungsschwäche). Bohnenkraut, Salbei, Wacholder, Bockshornkleesamen, Karotte, Lorbeerblätter, frischer Ingwer, Wakamealge zugeben

Auf kleinster Flamme köcheln bis Bohnen oder Linsen die gewünschte Konsistenz haben. Diese Basis kann 3-4 Tage im Kühlschrank aufbewahrt werden.

5.18 Humus

Stärken Milz und Herz, weicht auf, leitet nach unten. Befeuchtet, entspannt, baut Qi auf, verteilt. Nährt Blut. Nährt Blut und Leber, harmonisiert Leber und Milz, stärkt Sehkraft, bewahrt die Säfte, zieht zusammen.
Kochzeit 2 Stunden
Kalorien p. Portion: 542
2 Portionen
Allergene: N

Zutaten:
Kichererbsen 2 Tassen / 240g. - kühl - süß, salzig ....ja
Wakame 1 TL zerrieben / 2g. - kalt - salzig... wenig
Ingwer frisch 1/4 TL / 1g. - warm - scharf...................................empfehlenswert
Rosmarin 1 Prise / 0,5g. - warm - bitter...ja
Sesam Paste (Tahini) 1 EL / 10g. - kühl - ....ja
Olivenöl 2 EL / 20g. - kühl - süß..empfehlenswert
Zitrone Saft 1 Spritzer / 2g. - kalt - sauer......................weniger als angegeben
Wasser nach Bedarf / 0g. - kühl - salzig..ja
Knoblauch 1 Zehe geschabt / 2g. - heiß - scharf.....................empfehlenswert
Petersilie 1 TL gehackte / 2g. - warm - bitter...ja
Paprika 1 Prise / 0,2g. - kühl - süß .... wenig
Kurkuma (Gelbwurz) 1 Prise / 0,2g. - warm - bitter ....ja
Koriander 1 Prise / 0,2g. - warm - scharf...ja
Kardamom 1 Prise / 0,2g. - warm - scharf... wenig
Chili (Schote oder gemahlen) 1 Prise / 0,2g. - heiß - scharf..........................ja
Pfeffer gemahlen 1 Prise / 0,2g. - warm - scharf .... wenig
Salz Kräutersalz 1/2 TL / 2g. - kalt - ....ja

Kochanleitung:
Kichererbsen über Nacht oder mind. 6 Stunden einweichen, Einweichwasser weg gießen, in frischem Wasser ca. 1 - 1 ½ Std. mit wenig Meeresalge und Ingwer kochen, erkalten lassen.
Würzen mit einigen Spritzern Zitronensaft, Petersilie. Klein geschnittener oder gepresster Knoblauch mit Pfeffer würzen, je nach Belieben mehr oder weniger Koriander - und Kardamompulver, wenig Chili-Pulver. Tahin und Olivenöl hinzugeben.

Alle Zutaten zusammen pürieren. Je nach Konsistenz Wasser dazugeben. Es sollte eine geschmeidige Paste entstehen. Auf Getreideküchlein, Cracker oder getoastetes Brot streichen oder zu Salat genießen.

5.19 Indische Dalsuppe

Reduziert innere Hitze und Feuchtigkeit, weicht auf, leitet nach unten. Stärkt Milz und Leber, reguliert Qi-Fluss, befeuchtet, entspannt, baut Qi auf, verteilt, stärkt Leber und Niere,
reduziert feuchte Hitze.
Kochzeit 30 Min.
Kalorien p. Portion: 256
2 Portionen
Allergene: EN

Zutaten:

Linsen (Helmbohnen) 175 g. / 175g. - neutral - süß, sauer .... ja
Sesamöl 3 EL / 30g. - kühl - süß .... ja
Karotte (Mohrrübe, Möhre) 1 Stück / 100g. - neutral - süß............................ ja
Zwiebel Schalotte 1 Stück / 15g. - warm - scharf, süß .... ja
Wasser 2 Tassen / 200g. - kühl - salzig .... ja
Ingwer frisch 2 Scheiben / 1g. - warm - scharf .... empfehlenswert
Salz 1 Prise / 0,5g. - kalt - salzig .... wenig
Sojasauce 1 TL / 3g. - kalt - salzig .... wenig
Petersilie 1 TL gehackte / 3g. - warm - bitter.. ja
Thymian 1 TL / 3g. - warm - bitter .... empfehlenswert
Basilikum 1 EL / 5g. - warm - scharf, bitter............................... empfehlenswert

Kochanleitung:

Linsen über Nacht einweichen; in einen heißen Topf Öl geben; Karotte, Zwiebel, etwas Ingwer andünsten mit Wasser aufgießen; Linsen zugeben und weich kochen; Salz oder Sojasoße zugeben und weitere 10 Minuten kochen; vor dem Servieren Petersilie unterheben; Thymian oder Basilikum drüberstreuen.

Variante: Andere Kräuter wie Salbei, Rosmarin oder Liebstöckel ermöglichen eine Vielfalt von Geschmacksnuancen.

5.20 Italienische Gemüse-Bohnen Suppe

Befeuchten Haut, diuretisch. Stärkt Magen-Qi, befeuchtet, entspannt, baut Qi auf, verteilt. Nährt Leber-Yin, kühlt Hitze, produziert Körpersäfte. Stärkt Milz und Leber, reguliert Qi-Fluss, befeuchtet, entspannt, baut Qi auf, verteilt.
Kochzeit 1 Stunde
Kalorien p. Portion: 204
4 Portionen
Allergene: L

Zutaten:

Butterbohnen weiße 200 g. / 200g. - neutral - süß ....ja
Zwiebel Schalotte 1 Stück / 20g. - warm - scharf, süß ....ja
Karotte (Mohrrübe, Möhre) 1 Stück / 70g. - neutral - süß..............................ja
Olivenöl 2 EL / 20g. - kühl - süß ....empfehlenswert
Tomate 2 Stück / 80g. - kalt - süß-sauer .... wenig
Sellerie Knolle 10 dag. / 100g. - kühl - süß.. wenig
Weißkohl/Weißkraut 7 dag. / 70g. - neutral - süß...ja
Endiviensalat 5 dag. / 50g. - neutral - bitter...ja
Salz 1 Prise / 1g. - kalt - salzig.. wenig
Pfeffer gemahlen 1 Prise / 0,2g. - warm - scharf .... wenig
Wasser 1/2 Liter / 450g. - kühl - salzig ....ja

Kochanleitung:

Bohnen einweichen und 1/2 Stunde kochen. Zwiebel, Karotten und
Sellerie in Bratöl andünsten. Tomaten und Wasser dazugeben und alles
30 Minuten köcheln. In Streifen geschnittenen Weißkohl und
Endiviensalat sowie die gekochten Bohnen hineingeben und mit Salz,
Pfeffer und Olivenöl abschmecken.

5.21 Japanische Algensuppe

Stärkt Milz und Leber, reguliert Qi-Fluss, befeuchtet, entspannt, baut Qi
auf, verteilt. Nährt Lunge und Milz, vertreibt Schleim, löst Schleim, löst
Stagnation, leitet nach oben. Bewegt Qi und Yang.
Kochzeit 20 Min.
Kalorien p. Portion: 47
3 Portionen

Zutaten:

Wakame 25 g. / 25g. - kalt - salzig .... wenig
Wasser 1/2 Liter / 450g. - kühl - salzig ....ja
Zwiebel Schalotte 1-2 Stk. / 30g. - warm - scharf, süß..................................ja
Rettich (weiß, grün, lila-rot) 50 g. / 50g. - kühl - süß, scharf..........................ja
Karotte (Mohrrübe, Möhre) 2 Stück / 180g. - neutral - süß............................ja
Miso 2 EL / 20g. - neutral - salzig ....ja
Petersilie 2 EL / 20g. - warm - bitter ....ja
Zwiebel Frühlingszwiebel 1 EL geschnitten / 10g. - warm - scharf................ja

Kochanleitung:

Wakame einige Minuten in Wasser einweichen, herausnehmen und das
Wasser zum Kochen bringen. Fein geschnittene Zwiebeln und in feine
Streifen geschnittene Wakame, Rettich und Karotten zugeben und
weitere 10 Minuten köcheln. Miso in etwas abgekühltem Kochwasser

lösen und am Ende dazugeben. Mit Petersilie und Frühlingszwiebeln bestreuen.

5.22 Karotten- Reisschleimsuppe

Wärmt Magen und Milz, harmonisiert den Darm, stärkt Qi-Funktion, reduziert Feuchtigkeit. Stärkt Milz und Leber, reguliert Qi-Fluss, befeuchtet, entspannt, baut Qi auf, verteilt.
Kochzeit 10 Min.
Kalorien p. Portion: 101
1 Portion

Zutaten:
Grundrezept für eine Reissuppe (Congee) 1 Tasse / 120g. - neutral - süß.....ja
Karotte (Mohrrübe, Möhre) 2 Stück / 100g. - neutral - süß............................ja
Salz 1 TL / 4g. - kalt - salzig .... wenig

Kochanleitung:
Karotten schälen und reiben. Die Reissuppe aufkochen und die geriebenen Karotten und Salz dazugeben. 10 Minuten kochen.

5.23 Karotten-Risotto

Stärkt Magen, Milz und Leber, reguliert Qi-Fluss, entspannt, baut Qi auf, verteilt. trocknet aus, leitet nach unten. Stärkt Magen-Qi. Nährt Blut und Leber, harmonisiert Leber und Milz, stärkt Sehkraft, bewahrt die Säfte, zieht zusammen.
Kochzeit 45 Min.
Kalorien p. Portion: 308
2 Portionen
Allergene: GL

Zutaten:
Olivenöl 1/2 EL / 5g. - kühl - süß ....empfehlenswert
Zwiebel Frühlingszwiebel 2 EL / 7g. - warm - scharf ....ja
Muskatnuss 1 Prise / 0,3g. - warm - scharf ....empfehlenswert
Petersilie 1/2 Bund / 25g. - warm - bitter ....ja
Reis Sorte beliebig 100 g. / 100g. - warm - süß .... wenig
Karotte (Mohrrübe, Möhre) 250 g. / 250g. - neutral - süß...........................ja
Grundrezept für eine Gemüsebrühe 300 ml. / 280g. - neutral - *empfehlenswert
Fenchelsamen gemahlen 1/4 TL / 1g. - warm - ....ja
Basilikum (frisch) 1/2 TL / 2g. - warm - scharf, bitter ....empfehlenswert
Salz 1 Prise / 1g. - kalt - salzig .... wenig
Pfeffer gemahlen 1 Prise / 0,3g. - warm - scharf .... wenig
Parmesan 1 EL / 10g. - salzig - süß .... wenig

Kochanleitung:
In einem flachen Pfanne das Öl erhitzen, Zwiebeln darin glasig und sehr weich dünsten. Petersilie dazugeben, kurz andünsten. Reis, Karotten und Muskat dazugeben, unter Rühren kurz andünsten. Mit der Gemüsebrühe aufgießen, mit Fenchel und Basilikum würzen, zum Kochen bringen und ca. 20 Minuten kochen, bis Reis und Karotten gut durch sind. Dabei ab und zu umrühren und bei Bedarf etwas Gemüsebrühe nachgießen. Das Risotto soll leicht suppig sein. Kurz vor Ende der Garzeit den Weißwein untermischen und das Risotto noch kurz köcheln. Risotto vom Herd nehmen, Parmesan untermischen

5.24 Kartoffeln mit Bärlauch-Topfen

Stärkt Qi, stärkt Milz, lindert Entzündungen. Nährt Blut und Yin, stärkt Zang-Organe, stärkt Magen-Darm, harmonisiert Qi, lindert Alkoholvergiftung, befeuchtet Lunge, bewegt Qi.
Kochzeit 20 Min.
Kalorien p. Portion: 254
2 Portionen
Allergene: G

Zutaten:
Kartoffel 300 g. / 300g. - neutral - süß..ja
Salz 1 Prise / 0,1g. - kalt - salzig .... wenig
Bärlauch (Knoblauchspinat) 2 Handvoll / 30g. - warm - süß, etwas scharf .....ja
Topfen 20% 250 g. / 250g. - kühl - sauer ....ja
Joghurt (natur, 1,5 % Fett) 2 EL / 20g. - kühl - sauer ....empfehlenswert
Salz 1 Prise / 1g. - kalt - salzig .... wenig

Kochanleitung:
Kartoffeln in Salzwasser kochen und schälen.
Die Bärlauchblätter werden gewaschen und vorsichtig abgetrocknet und in feine Streifen geschnitten. Topfen, Jogurt und Salz vermischen und die gehackten Bärlauchstücke untermischen. Zu den Kartoffeln servieren.
In der Jahreszeit in der kein Bärlauch wächst kann das Bärlauch-Pesto verwendet werden.

5.25 Klare Brühe aus Gänseklein

Stärkt Milz, Magen und Lunge, lindert Schwächezustände, stärkt Qi,
beruhigt Magen. Bewegt Qi, leitet nach oben. Stärkt Milz und Leber,
reguliert Qi-Fluss, befeuchtet, entspannt,
baut Qi auf, verteilt.
Kochzeit 2-3 Stunden
Kalorien p. Portion: 334
6 Portionen

Zutaten:

Gans (Gänseklein) 500 g. / 500g. - neutral - süß ....ja
Karotte (Mohrrübe, Möhre) 1 Stück / 100g. - neutral - süß ....ja
Zwiebel Schalotte 1 Stück / 25g. - warm - scharf, süß ....ja
Lauch (Porree) 1 Stück / 250g. - warm - scharf.....................................ja
Petersilie 1 Zweig / 4g. - warm - bitter..ja
Liebstöckel 1 Zweig / 4g. - warm - scharf, bitter ....ja
Kerbel 1 Prise / 0,2g. - - ....ja
Wasser 1 Liter / 1000g. - kühl - salzig ....ja
Salz 1 Prise / 0,5g. - kalt - salzig .... wenig

Kochanleitung:

Gänse Stücke mit Gemüse und Kräutern 2-3 Stunden köcheln. Durch
ein feines Tuch sieben und abkühlen. Entfetten und im Kühlschrank
aufbewahren.

5.26 Kürbiscurry

Stärkt Lunge und Milz, diuretisch, stärkt Qi, schützt Leber. Wärmt
Magen und Milz, harmonisiert den Darm, stärkt Qi-Funktion, reduziert
Feuchtigkeit. Befeuchtet, entspannt, baut Qi auf, verteilt. Nährt Blut und
Leber, harmonisiert Leber und Milz.
Kochzeit 20 Min.
Kalorien p. Portion: 193
3 Portionen

Zutaten:

Kürbis 300 g. / 300g. - warm - süß ....ja
Olivenöl 2 EL / 30g. - kühl - süß ....empfehlenswert
Koriander 1 Prise / 1g. - warm - scharf...ja
Pfeffer gemahlen 1 Prise / 0,5g. - warm - scharf .... wenig
Curry 1 Prise / 1g. - warm - scharf ....ja
Wasser 50 ml / 50g. - kühl - salzig ....ja
Salz 1 Prise / 1g. - kalt - salzig... wenig
Petersilie 1 EL / 7g. - warm - bitter ....ja

Kardamom 1 Prise / 1g. - warm - scharf.. wenig
Kurkuma (Gelbwurz) 1 Prise / 1g. - warm - bitter ....ja
Reis Vollkorn 1/2 Tasse / 60g. - warm - süß ....empfehlenswert
Wasser 3 Tassen / 300g. - kühl - salzig ....ja
Salz 1 Prise / 1g. - kalt - salzig .... wenig

Kochanleitung:

Olivenöl in Pfanne erwärmen. Kürbis in Würfel geschnitten darin
andünsten, würzen mit Koriander, Pfeffer und Curry, ablöschen mit
wenig Wasser, mit Meersalz salzen, klein geschnittene Petersilie
dazugeben mit Kardamom und Kurkuma würzen, auf kleinem Feuer ca.
10 Min. köcheln, je nach Kürbisart, der Kürbis sollte noch bissfest sein.

Den Reis im gesalzenen Wasser zustellen, aufkochen lassen und bei
kleiner Hitze ca. 15 Min. Quellen lassen.

5.27 Kürbis-Joghurt-Suppe

Befeuchtet, entspannt, baut Qi auf, verteilt. Stärkt Milz und Leber,
reguliert Qi-Fluss. Befeuchtet Trockenheit, bewahrt die Säfte, zieht
zusammen. Bewegt Qi, stärkt Säfteproduktion, reduziert Kälte-Übel,
leitet nach oben.
Kochzeit 15 Min.
Kalorien p. Portion: 68
4 Portionen
Allergene: GL

Zutaten:

Grundrezept für eine Gemüsebrühe 300 ml. / 300g. - neutral - *empfehlenswert
Hokkaidokürbis 500 g. / 500g. - warm - süß.. wenig
Ingwer frisch 1/2 TL / 2g. - warm - scharf..................................empfehlenswert
Fenchelsamen gemahlen 1/2 TL / 1g. - warm - ....ja
Anis (gemeiner Fenchel) 1/4 TL / 1g. - warm - scharf ....ja
Joghurt (natur, 1,5 % Fett) 150 g. / 150g. - kühl - sauer...........empfehlenswert
Pfefferminze 2 Blätter / 1g. - kühl - scharf, bitter .... wenig
Salz 1 Prise / 1g. - kalt - salzig .... wenig

Kochanleitung:

Gemüsebrühe nach Grundrezept zum Kochen bringen. Gewürfelter
Kürbis, kleingehackter Ingwer, zerstoßener Fenchelsamen und Anis
dazugeben. Suppe zum Kochen bringen und zugedeckt ca. 12 Minuten
köcheln, bis der Kürbis weich ist.
Suppe vom Herd nehmen. Mit dem Mixstab die Suppe mit dem Joghurt
fein pürieren. Suppe mit feingehackter Minze bestreut servieren.

5.28 Kürbissuppe

Stärkt Lunge und Milz, diuretisch, stärkt Qi, schützt Leber. Stärkt Qi, stärkt Milz, lindert Entzündungen, befeuchtet, entspannt, baut Qi auf, verteilt. Stärkt Milz und Leber, reguliert Qi-Fluss, befeuchtet, entspannt, baut Qi auf, verteilt.
Kochzeit 1 Stunde
Kalorien p. Portion: 105
3 Portionen

Zutaten:
Kürbis 300 g. / 300g. - warm - süß ....ja
Karotte (Mohrrübe, Möhre) 2 Stück / 100g. - neutral - süß ....ja
Kartoffel 2 Stück / 120g. - neutral - süß ....ja
Olivenöl 1 EL / 10g. - kühl - süß ....empfehlenswert
Zwiebel weiss 1 Stück / 50g. - warm - scharf ....ja
Wasser 1 Tasse / 120g. - kühl - salzig ....ja
Petersilie 1 EL / 7g. - warm - bitter ....ja
Anis (gemeiner Fenchel) 1 Prise / 1g. - warm - scharf ....ja
Salz 1 Prise / 1g. - kalt - salzig .... wenig

Kochanleitung:
Olivenöl in Pfanne geben, in Würfel geschnittener Kürbis, gewürfelte Karotten und Kartoffel dazugeben, kurz andünsten, klein geschnittene Zwiebel dazugeben, mit Wasser auffüllen, soviel Wasser, dass das Gemüse mind. 3 Fingerbreiten bedeckt ist, Aufkochen lassen und dann auf kleines Feuer stellen.

Mit Meersalz salzen, klein geschnittene Petersilie dazugeben, eine Prise Anis (wenig), evt. noch nachwürzen. Alles zusammen ca. 35 Minuten köcheln lassen. Anschließend die Suppe pürieren und evt. nochmals Wasser dazugeben, je nach Konsistenz der Suppe.

5.29 Kuzusuppe in der Früh

Befeuchtet, entspannt, baut Qi auf, verteilt. Stärkt Magen, harmonisiert Mitte, reduziert innere Hitze, entgiftet, weicht auf, leitet nach unten.
Kochzeit 5 min.
Kalorien p. Portion: 12
1 Portion
Allergene: E

Zutaten:

Wasser 1/4 Liter / 250g. - kühl - salzig .... ja
Sojasauce 1 Schuss / 2g. - kalt - salzig .... wenig
Umeboshipaste 1 Messerspitze / 2g. - warm - sauer, rau .... ja

Kochanleitung:

Kuzu mit kaltem Wasser anrühren und unter Rühren zum Kochen
bringen. Sobald es glasig wird vom Herd nehmen und abkühlen lassen.
Mit Tamari und Umeboshipaste oder zerkleinerten Umeboshi-Pflaumen
abschmecken

Es besteht immer die Möglichkeit Ihren Magen und Darm mit diesem
Rezept, vor dem richtigen Frühstück eingenommen, zu unterstützen.
Eine morgendliche Kur für Magen und Schleimhäute. Bringt den
Basenhaushalt in Ordnung.

5.30 Lammkeule aus dem Ofen

Stärkt Milz- und Nieren-Yang, lindert Schwächezustände, stärkt Qi,
erwärmt Mittleren und Unteren Erwärmer. Stärkt Qi, stärkt Milz, lindert
Entzündungen, befeuchtet, entspannt, baut Qi auf, verteilt. Nährt Leber-
Yin, kühlt Hitze, produziert Körpersäfte.
Kochzeit 2 Stunden
Kalorien p. Portion: 484
6 Portionen

Zutaten:

Lamm Fleisch ca 1 Kg. (Keule) / 1000g. - warm - süß .... wenig
Olivenöl 2 EL / 20g. - kühl - süß .... empfehlenswert
Kartoffel 500 g. / 500g. - neutral - süß.. ja
Zwiebel Schalotte 3 Stück / 50g. - warm - scharf, süß .... ja
Pfeffer gemahlen 1 Prise / 0,2g. - warm - scharf..................................... wenig
Salz 1 Prise / 0,5g. - kalt - salzig .... wenig
Tomate 4-5 Stück / 200g. - kalt - süß-sauer... wenig
Rosenpaprika 1 Prise / 0,5g. - warm - bitter.. ja
Rosmarin 1 Prise / 0,2g. - warm - bitter... ja
Thymian 1 Prise / 0,2g. - warm - bitter .... empfehlenswert
Bohnenkraut 1 TL / 1g. - warm - bitter.. ja

Kochanleitung:

Lammkeule auf ein mit Olivenöl bepinseltes Ofenblech legen; geschälte
und geviertelte Kartoffeln sowie die geviertelten Zwiebeln auf dem
Blech verteilen; mit Pfeffer, Salz bestreuen; Tomaten grob geschnitten
dazugeben; mit Rosenpaprika bestäuben; mit Olivenöl beträufeln;
getrockneten Rosmarin, Bohnenkraut, Thymian drüberstreuen; 15

Minuten bei 250°C backen; dann die Hitze auf 150°C reduzieren und weitere 1 1/2 Stunden backen; ab und zu etwas Wasser über das Blech träufeln.

Dazu passt: trockener Rotwein, Endiviensalat, Radicchio, Frisée oder Feldsalat und Hirse.

5.31 Linsen-Reis-Eintopf

Stärkt Milz und Leber, reguliert Qi-Fluss, befeuchtet, entspannt, baut Qi auf, verteilt. Wärmt Magen und Milz, harmonisiert den Darm, stärkt Qi-Funktion, reduziert Feuchtigkeit. Bewegt Leber-Qi, kühlt Hitze.
Kochzeit 25 Min.
Kalorien p. Portion: 232
3 Portionen
Allergene: LNO

Zutaten:
Linsen (Helmbohnen) 100 g. / 100g. - neutral - süß, sauer .... ja
Wasser 5 Tassen / 500g. - kühl - salzig .... ja
Reis Sorte beliebig 1 Tasse / 120g. - warm - süß .... wenig
Sesamöl 1 EL / 10g. - kühl - süß .... ja
Karotte (Mohrrübe, Möhre) 2 Stück / 150g. - neutral - süß .... ja
Sellerie Stangensellerie 2 Stangen / 20g. - kühl - süß .... wenig
Cumin (Kreuzkümmel) 1 Prise / 0,2g. - warm - scharf .... ja
Salz 1 Prise / 0,5g. - kalt - salzig .... wenig
Essig (Apfelessig) 1 Schuss / 2g. - warm - sauer, bitter .... wenig
Petersilie 2 EL / 18g. - warm - bitter .... ja

Kochanleitung:
Linsen am Vortag einweichen.
In einem heißen Topf Sesamöl erhitzen; Karotte und Stangensellerie klein schneiden und andünsten; Reis, eine Prise Cumin und Linsen dazugeben und aufkochen.
Wenn die Linsen weich sind, Salz zugeben; mit etwas Essig abschmecken und mit Petersilie garnieren.

Variante: Im Sommer kann man das Cumin weglassen und frische grüne Erbsen, Chinakohl oder Stangensellerie dazugeben.

5.32 Minestrone

Stärkt Qi der Mitte. Kühlt Hitze, diuretisch, kühlt Blut, reduziert Schleim, reduziert Hitze, befeuchtet, entspannt, baut Qi auf, verteilt. Nährt Leber-Yin, kühlt Hitze, produziert Körpersäfte.
Kochzeit 30 Min.
Kalorien p. Portion: 211
4 Portionen
Allergene: GL

Zutaten:
Zwiebel Schalotte 2 Stück / 40g. - warm - scharf, süß ....ja
Sonnenblumenöl 1 TL / 10g. - kühl - süß .... wenig
Wasser 1/2 Liter / 480g. - kühl - salzig ....ja
Karotte (Mohrrübe, Möhre) 2 Stück / 120g. - neutral - süß............................ja
Wirsing/Grünkohl 1 Handvoll / 15g. - neutral - süß.....................................ja
Bohnen (grün, frisch) 1 Handvoll / 20g. - neutral - süß........................... wenig
Sellerie Stangensellerie 3 Stück / 20g. - kühl - süß .... wenig
Erbse, grün 4 EL / 30g. - neutral - süß ....ja
Zucchini 1 Stück / 200g. - kühl - süß .... wenig
Reis Sorte beliebig 1 Tasse / 120g. - warm - süß .... wenig
Lorbeerblatt 3 Blatt / 1g. - warm - scharf...ja
Sonnenblumenöl 1 EL / 10g. - kühl - süß .... wenig
Salz 1 Prise / 1g. - kalt - salzig .... wenig
Tomate 3 Stück / 150g. - kalt - süß-sauer .... wenig
Thymian 1 Zweig / 3g. - warm - bitter..empfehlenswert
Parmesan 2 EL / 18g. - salzig - süß .... wenig
Basilikum 4 Blatt / 2g. - warm - scharf, bitter ....empfehlenswert

Kochanleitung:
Zwiebel in Öl in einem Topf glasig braten und mit Wasser aufgießen. Gemüse, Reis und Salz dazugeben und leise weiterköcheln. Wenn das Gemüse bissfest ist, Tomaten, einen kleinen Thymianzweig, Basilikum und Lorbeer dazugeben und noch kurz ziehen lassen. Mit Parmesan servieren.

5.33 Polentaschnitte mit Ratatouille

Stärkt Magen-Qi, diuretisch, befeuchtet, entspannt, baut Qi auf, verteilt. Nährt Leber-Yin, kühlt Hitze, produziert Körpersäfte. Kühlt und bewegt Blut, reduziert äußeren und inneren
Wind, reduziert innere Hitze.
Kochzeit 30 min

Kalorien p. Portion: 226
4 Portionen
Allergene: G

Zutaten:

Mais Gries (Polenta) 1 Tasse / 120g. - neutral - süß.............................. wenig
Wasser 2 Tassen / 240g. - kühl - salzig ....ja
Aubergine 1 Stück (große) / 200g. - kühl - süß .... wenig
Zucchini 2 Stück / 500g. - kühl - süß .... wenig
Zwiebel weiss 2 Stück / 120g. - warm - scharf ....ja
Tomate 4 Stück (passiert) / 200g. - kalt - süß-sauer .... wenig
Olivenöl 2 EL / 20g. - kühl - süß ....empfehlenswert
Salz 1 Prise / 0,5g. - kalt - salzig .... wenig
Petersilie 1 EL gehackte / 8g. - warm - bitter.................................ja
Thymian 1/2 TL / 1g. - warm - bitter ....empfehlenswert
Zwiebel Frühlingszwiebel 2 EL gehackte / 12g. - warm - scharf....................ja
Basilikum 4 Blätter / 2g. - warm - scharf, bitter........................empfehlenswert
Parmesan 2 EL / 20g. - salzig - süß .... wenig

Kochanleitung:

Doppelte Menge Wasser zu Polenta mit Salz und Öl zum Kochen
bringen. Polenta unter ständigem Rühren einrieseln lassen.
Vom Feuer nehmen und 20 min quellen lassen. Inzwischen
geschnittene Zwiebel in Topf mit heißem Öl geben. Gewürfelte
Zucchini, Tomaten und Melanzani dazugeben und ca. 20 min dünsten.
Basilikum, Thymian, Salz dazugeben.
Blech mit Öl bestreichen, Polenta gleichmäßig auftragen und warten bis
es fester wird.
Gekochte Ratatouille auf Polente darüber geben, portionieren und dann
für paar min in den Backofen (eventuell mit geriebenen Parmesan).
Mit frischer Petersilie und fein geschnittenen Frühlingszwiebel
bestreuen.
Der wertvolle Tipp: Die Polentaschnitten sind ideal für unterwegs.

5.34 Quinoa pikant + Avocado

Nährt Yin von Leber, Lunge und Dickdarm, befeuchtet, entspannt, baut
Qi auf, verteilt. Stärkt Milz und Leber, reguliert Qi-Fluss, befeuchtet,
entspannt, baut Qi auf, verteilt. Stärkt Qi, trocknet aus. Reguliert Qi,
wärmt Milz und Niere, löst Stagnation
Kochzeit 20 min.
Kalorien p. Portion: 561
2 Portionen

Zutaten:

Wasser 2 Tassen / 240g. - kühl - salzig .... ja
Quinoa 1 Tasse / 100g. - neutral - süß, sauer .... empfehlenswert
Karotte (Mohrrübe, Möhre) 1 Stück geraspelt / 100g. - neutral - süß .... ja
Zwiebel Frühlingszwiebel 2 EL gehackte / 12g. - warm - scharf .... ja
Kurkuma (Gelbwurz) 1/2 TL / 1g. - warm - bitter .... ja
Avocado 1 Stück weiche / 300g. - kalt - süß .... wenig
Salz 1 Prise / 0,5g. - kalt - salzig .... wenig
Pfeffer gemahlen 1 Prise / 0,2g. - warm - scharf .... wenig
Leinöl 2 TL / 4g. - neutral - süß .... empfehlenswert

Kochanleitung:

Quinoa in heißes Wasser geben. Geraspelte Karotte, Pfeffer und Salz, klein geschnittene Frühlingszwiebel sowie Curcuma, dazugeben.
Nach 20 min köcheln, vom Feuer ziehen. Vorgeschnittene Avocado untermischen.
Einen Schuss Öl dazu und mit frischer Petersilie und Gomasio bestreuen.

Gewürze und Kräuter: Kurkuma, Kardamom, Kresse, Petersilie, Schnittlauch.

Variation: Für die, die es deftiger wollen, kann auch eine Sardine aus der Biofischkonserve verwendet werden. Falls Sie der „Eiweiß-Typ" sind, hält dieses Frühstück besonders lange satt!

5.35 Reis-Congee mit Karotten und Fenchel

Nährend, baut Qi auf, stärkt die Verdauungsfunktionen.
Kochzeit 2 Stunden
Kalorien p. Portion: 131
3 Portionen
Allergene: G

Zutaten:

Grundrezept für eine Reissuppe (Congee) 1/2 Liter / 500g. - neutral - süß..... ja
Karotte (Mohrrübe, Möhre) 2 Stück / 100g. - neutral - süß............................. ja
Fenchel 1 Stück / 250g. - warm - süß, etwas scharf .... wenig
Butter Bio 1 TL / 3g. - neutral - süß .... wenig
Kardamom 1/2 TL / 1g. - warm - scharf... wenig

Kochanleitung:
Reis-Congee nach Grundrezept kochen.
Karotten und Fenchel putzen und klein schneiden.

Hinweis:
Wenn Karotten und Fenchel von Anfang an mitgekocht werden, dienen sie der Bekömmlichkeit. Werden sie kurz vor Ende der Kochzeit zugegeben, bleiben Geschmack und Vitamine erhalten.
Vor dem servieren mit Butter und Kardamom verfeinern.

5.36 Reis-Dulse-Suppe

Stärkt Milz und Leber, reguliert Qi-Fluss, entspannt, baut Qi auf, verteilt. trocknet aus, leitet nach unten. Stärkt Magen-Qi. Wärmt Magen und Milz, harmonisiert den Darm, stärkt
Qi-Funktion, reduziert Feuchtigkeit.
Kochzeit 5 min
Kalorien p. Portion: 190
2 Portionen
Allergene: L

Zutaten:
Grundrezept für eine Reissuppe (Congee) 4 Tassen / 500g. - neutral - süß .... ja
Grundrezept für eine Gemüsebrühe nahrhaft 1/2 Liter / 500g. - neutral - *empfehlenswert
Dulse (Lappentang) 2 EL / 15g. - neutral - salzig .... ja

Kochanleitung:
Eine Portion vorgekochtes Grundrezept für eine Reissuppe (Congee) mit vorgekochtes Grundrezept für eine Gemüsebrühe nahrhaft aufwärmen.
Dulse im Backofen bei 220 Grad 3 Min. backen. Die knusprige Dulse über den Reis streuen.

5.37 Reisnudelsuppe mit Shiitakepilzen

Stärkt Milz und Leber, reguliert Qi-Fluss, entspannt, baut Qi auf, verteilt. trocknet aus, leitet nach unten. Stärkt Magen-Qi. Nährt Yin von Lunge, Magen und Dickdarm, unterstützt die Verdauung. Reduziert inneren Wind
Kochzeit 20 Min.
Kalorien p. Portion: 66
2 Portionen
Allergene: L

Zutaten:

Reisnudeln 2 Handvoll / 20g. - neutral - süß ....wenig
Shiitake, getrocknet 4-6 Stück / 5g. - neutral - süß ....wenig
Grundrezept für eine Gemüsebrühe nahrhaft 2 Tassen / 240g. - neutral - *empfehlenswert
Chinakohl 1 Tasse / 60g. - kühl - süß ....wenig
Liebstöckel 1 TL / 3g. - warm - scharf, bitter ....ja
Miso 2 EL / 18g. - neutral - salzig ....ja

Kochanleitung:

Reisnudeln und Shiitakepilze getrennt in kaltem Wasser einweichen.
Gemüsebrühe erhitzen und eingeweichte, in Streifen geschnittene
Shiitakepilze zugeben und sanft köcheln. Chinakohl nudelig schneiden,
Liebstöckelgrün und Reisnudeln dazugeben und kurz ziehen lassen.
Vor dem Servieren in etwas abgekühltem Kochwasser gelöstes Miso
einrühren.
Empfehlung: Geeignet zu Beginn jeder Mahlzeit, auch zum Frühstück

5.38 Reissuppe mit Algen

Stärkt Qi und Blut, reduziert Kälte, stärkt Milz, Leber und Magen, stärkt
Blut und Qi. Reguliert Qi, wärmt Milz und Niere, löst Stagnation, leitet
nach oben.
Kochzeit 4-5 Stunden
Kalorien p. Portion: 130
6 Portionen
Allergene: L

Zutaten:

Rind Fleischknochen 30 dag. / 10g. - warm - süß .... wenig
Rind Suppenfleisch 40 dag. / 400g. - warm - süß .... wenig
Petersilie 1/4 Bund / 25g. - warm - bitter ....ja
Wacholderbeere 4 Stück / 2g. - warm - süß, scharf, bitter ....empfehlenswert
Karotte (Mohrrübe, Möhre) 2 Stück / 180g. - neutral - süß.............................ja
Sellerie Knolle 10 dag. / 100g. - kühl - süß... wenig
Zwiebel Frühlingszwiebel 1/2 Stück / 10g. - warm - scharf.............................ja
Pfeffer Körner 4 Stück / 1g. - warm - scharf .... wenig
Liebstöckel 1 Ast / 3g. - warm - scharf, bitter ....ja
Wakame 3 cm / 3g. - kalt - salzig .... wenig
Reis Sorte beliebig 3 EL / 20g. - warm - süß.. wenig
Wasser 1 Liter / 900g. - kühl - salzig ....ja

Kochanleitung:

In Wasser Petersilie geben und aufkochen; Wacholderbeeren,
Fleischknochen, ein Stück Suppenfleisch, Karotte und ein Stück
Sellerieknolle, eine separat gebräunte Zwiebelhälfte, einige
Pfefferkörner, Liebstöckel und ein Stück Wakame-Alge zugeben; alles

4-8 Stunden köcheln lassen und dann abseihen. Reis hinzufügen und noch eine 1/2 Stunde weiterköcheln lassen.

Brühe im Kühlschrank aufbewahren.

Variante: Wenn man das Fleisch nach 1-2 Stunden herausnimmt, kann man es noch gut würfeln und später als Suppenzutat verwenden.

5.39 Reissuppe mit Ente

Nährt Yin. Wärmt Magen und Milz, harmonisiert den Darm, stärkt Qi-Funktion, reduziert Feuchtigkeit. Nährt Blut und Leber, harmonisiert Leber und Milz. Befeuchtet, entspannt,
baut Qi auf, verteilt.
Kochzeit 1 1/2 Stunden
Kalorien p. Portion: 161
6 Portionen
Allergene: EG

Zutaten:
Reis Rundkornreis 1 Tasse / 100g. - neutral - süß.................................. wenig
Wasser 8 Tassen / 900g. - kühl - salzig ....ja
Ente (Frühmastente, schlachtfrisch) 250 g. / 250g. - kühl - süß, salzig..........ja
Shiitake, getrocknet 4-6 Stück / 5g. - neutral - süß .... wenig
Petersilie 2 EL / 12g. - warm - bitter...ja
Butter Bio 1 TL / 3g. - neutral - süß .... wenig
Sojasauce 1 Schuss / 2g. - kalt - salzig.. wenig

Kochanleitung:
Shiitakepilze einweichen. Reissuppe nach Grundrezept zubereiten. In den letzten 30 Kochminuten Entenfleisch und Shiitakepilze zugeben. Austernpilze, Petersilie und etwas Butter erst ganz am Ende hineingeben. Mit Sojasoße nachwürzen.

Variante: Eingeweichte und gekochte Adzukibohnen zugeben. Sie verstärken den harntreibenden Effekt.

5.40 Reissuppe mit geraspelten Karotten und frischen Kräutern

Stärkt Milz und Leber, reguliert Qi-Fluss, befeuchtet, entspannt, baut Qi auf, verteilt. Stärkt Niere und Blase.
Kochzeit 5 min.
Kalorien p. Portion: 131
4 Portionen
Allergene: EG

Zutaten:
Reis Wilder (Naturreis) 1 Tasse / 100g. - neutral - süß, bitter ...empfehlenswert
Wasser 6 Tassen / 700g. - kühl - salzig ....ja
Karotte (Mohrrübe, Möhre) 1 Stück / 100g. - neutral - süß.............................ja
Sojasauce 1 Schuss / 2g. - kalt - salzig... wenig
Butter Bio 1 TL / 3g. - neutral - süß .... wenig
Kümmel 1 Prise / 0,3g. - warm - scharf... wenig
Kurkuma (Gelbwurz) 1 Prise / 0,2g. - warm - bitter ....ja
Kräuter verschiedene 1 TL gehackt / 3g. - - *..ja

Kochanleitung:
In einer Portion Reis-Congee nach Grundrezept, eine geraspelte
Karotte weichkochen, Butter und Sojasauce dazugeben.
Mit frischen Kräutern bestreuen.

Gewürze und Kräuter: Schwarzkümmel, Kurkuma, Kardamom,
Petersilie, Salbei, Thymian, Basilikum, Rosmarin.
Winter: Pastinaken, Sellerie, Zwiebel, Lauch, Kürbis
Sommer: Tomaten, Zucchini, Frühlingszwiebel, Radieschen, Rucola.

5.41 Rindfleischsuppe mit Karotten, Lauch, Lorbeer

Stärkt Milz-Qi, stärkt Blut und Qi, befeuchtet, entspannt, baut Qi auf,
verteilt. Stärkt Milz und Leber, reguliert Qi-Fluss. Stärkt Magen-Qi.
Kochzeit 2-3 Stunden
Kalorien p. Portion: 194
5 Portionen

Zutaten:
Rind Fleisch 1/2 Kg. / 500g. - warm - süß .... wenig
Karotte (Mohrrübe, Möhre) 2 Stück / 200g. - neutral - süß.............................ja
Lauch (Porree) 1/2 Stück / 150g. - warm - scharf...ja
Lorbeerblatt 3 Blätter / 1g. - warm - scharf..ja
Mais Gries (Polenta) 1 EL / 10g. - neutral - süß .... wenig
Wasser 1/2 Liter / 450g. - kühl - salzig ....ja
Salz 1 Prise / 0,5g. - kalt - salzig .... wenig

Kochanleitung:
Wenig kaltes Wasser aufsetzen (so viel, dass das Fleisch eben bedeckt
wird); Rindersuppenfleisch oder Beinscheibe zum Kochen bringen und
einen Moment sieden lassen; dann die Brühe weggießen, das Fleisch
mit heißem Wasser abbrausen (dadurch erspart man sich das
Abschäumen), den Topf säubern und erneut das Fleisch in heißem
Wasser aufsetzen; kleingeschnittene Karotte, Lauch, den Mais und
Lorbeer hinzugeben; köcheln, bis das Fleisch gar ist.

5.42 Schwarzaugenbohnen-Eintopf

Stärkt Milz und Niere; ist sehr nahrhaft. Wärmt Magen und Milz, harmonisiert den Darm, stärkt Qi-Funktion. Stärken Magen und Niere, stärkt Milz und Niere.
Kochzeit 20 Min.
Kalorien p. Portion: 140
5 Portionen

Zutaten:
Schwarzaugenbohnen 1 Tasse / 100g. - neutral - süß, scharf .... ja
Reis Sorte beliebig 2 Tassen / 200g. - warm - süß .... wenig
Wasser 10 Tassen / 1000g. - kühl - salzig .... ja

Kochanleitung:
Bohnen über Nacht einweichen und abseihen.
In einem Verhältnis von 1:2 die Bohnen mit dem Reis zusammen weich köcheln. Je nachdem, wie heiß die Flamme ist und wie dünn das Gericht sein soll, muss mehr Wasser hinzugefügt werden.

Variante: In Öl angebratene Gemüse wie Karotten, Sellerieknolle, Zwiebeln oder Lauch dazugeben.

5.43 Selleriesaft

Stärkt Magen-Qi, befeuchtet, entspannt, baut Qi auf, verteilt.
Kochzeit 5 Min.
Kalorien p. Portion: 33
1 Portion
Allergene: L

Zutaten:
Sellerie Knolle 1/2 Stück / 200g. - kühl - süß... wenig
Wasser 1 Tasse / 120g. - kühl - salzig ....ja
Salz 1 Prise / 0,5g. - kalt - salzig .... wenig

Kochanleitung:
Sellerie Knolle schälen und in Stücke schneiden und entsaften. Mit Wasser mischen und nach Bedarf salzen.

5.44 Suppe mit Eigelb

Stärkt Qi und Yang; ist sehr erwärmend.
Kochzeit 5 Min.
Kalorien p. Portion: 173
1 Portion
Allergene: CO

Zutaten:
Grundrezept für eine Rinderbrühe (klar) 250 g. / 250g. - warm - * ....ja
Huhn Eigelb 1 Stück / 25g. - neutral - süß...ja

Kochanleitung:
Rindsuppe nach dem Grundrezept für eine Rinderbrühe wärmend,
aufwärmen und den Dotter einquirreln.

5.45 Süsskartoffelpuffer mit Basilikum-Pesto

Stärkt Qi, Blut, Yin und Jing.
Kochzeit 30 Min.
Kalorien p. Portion: 625
3 Portionen
Allergene: ACH

Zutaten:
Süßkartoffel 4 Stück / 500g. - warm - süß..ja
Zwiebel rot 1/2 Stück / 30g. - warm - scharf..ja
Basilikum 1 EL / 10g. - warm - scharf, bitter............................empfehlenswert
Huhn Ei 2 Stück / 140g. - neutral - süß .... wenig
Dinkel Vollkornmehl 80 g. / 80g. - neutral - süß ....ja
Salz 1 Prise / 0,5g. - kalt - salzig .... wenig
Olivenöl 60 ml. / 20g. - kühl - süß...empfehlenswert
Salz 1 TL (grobes) / 3g. - kalt - salzig... wenig
Basilikum 1 Handvoll / 15g. - warm - scharf, bitter ....empfehlenswert
Petersilie 1 Handvoll / 15g. - warm - bitter..ja
Knoblauch 2 Zehen / 3g. - heiß - scharf...................................empfehlenswert
Walnüsse 60 g. / 60g. - warm - süß .... wenig
Olivenöl 2 EL / 20g. - kühl - süß ....empfehlenswert

Kochanleitung:
Süßkartoffelpuffer: Die Süßkartoffel gründlich waschen, aber nicht
schälen, und in eine große Schüssel raspeln. Zwiebel, Basilikum, Ei
und Mehl zugeben, alles gut miteinander vermengen und dann etwas
Salz drüberstreuen. Die Mischung ist locker, lässt sich aber zu Puffern
formen. Im vorgeheizten Rohr auf einem mit Öl bestrichenen Backblech

von beiden Seiten jeweils 4 bis 5 Minuten backen.

Basilikum-Pesto: Das Salz, die kleingehackten Basilikum und Petersilie sowie den gequetschten Knoblauch in einer kleinen Schüssel mit einem Löffel verreiben (wenn vorhanden den Mörser verwenden). Die geriebenen Walnüsse dazugeben. Unter ständigem Rühren so viel Olivenöl zumengen, bis die gewünschte Konsistenz erreicht wird.

5.46 Tafelspitz nach klassischer Art

Stärkt Milz-Qi, stärkt Blut und Qi, befeuchtet, entspannt, baut Qi auf, verteilt. Stärkt Qi, stärkt Milz, lindert Entzündungen, befeuchtet.
Kochzeit 3 Stunden
Kalorien p. Portion: 454
8 Portionen
Allergene: L

Zutaten:
Zwiebel weiss 1 Stück / 50g. - warm - scharf ....ja
Maiskeimöl 1 EL / 10g. - neutral - süß.. wenig
Wasser 3 1/2 l. / 0g. - kühl - salzig ....ja
Rind Fleisch 2 Kg Tafelspitz / 1800g. - warm - süß............................ wenig
Rind Fleischknochen 4-6 Scheiben mit Mark / 0g. - warm - süß .... wenig
Salz 1 Prise / 0,5g. - kalt - salzig.. wenig
Pfeffer Körner 15 Stk. / 0g. - warm - scharf....................................... wenig
Pastinake 1 Stück / 0g. - kühl - bitter.................................empfehlenswert
Karotte (Mohrrübe, Möhre) 2 Stück / 0g. - neutral - süß..............................ja
Sellerie Knolle 1 Scheibe / 0g. - kühl - süß.................................... wenig
Petersilienwurzel 2 Stück / 0g. - kühl - süß ....ja
Lauch (Porree) 1/2 Stange / 0g. - warm - scharf ....ja
Lauchzwiebel Schnittlauch 1 EL gehackte / 7g. - warm - scharf ....ja
Kartoffel 1 Kg / 1000g. - neutral - süß ....ja
Sonnenblumenöl 2 EL / 20g. - kühl - süß .... wenig
Salz 1 Prise / 0,5g. - kalt - salzig .... wenig

Kochanleitung:
Zwiebeln halbieren, aber nicht schälen. Zwiebeln in einer Pfanne mit Fett an den Schnittflächen sehr dunkel bräunen. Fleisch und Knochen kurz mit warmen Wasser waschen, abtropfen lassen.
Wasser aufkochen, Fleisch einlegen und schwach wallend kochen. Aufsteigenden Schaum ständig abschöpfen. Sobald kein Schaum mehr aufsteigt, Pfefferkörner und die Zwiebel zugeben. Wurzelwerk und Lauch putzen und nach ca. zweieinhalb Stunden Garzeit zugeben. Tafelspitz noch eine weitere halbe Stunde köcheln lassen.
Tafelspitz aus der Suppe heben, durch ein Sieb gießen und mit Salz

abschmecken. Wurzelwerk in mundgerechte Stücke schneiden. Gemeinsam mit den Markknochen in die Suppe geben und unter dem Siedepunkt ziehen lassen. Tafelspitz gegen den Faserlauf in fingerdicke Scheiben schneiden, in die Suppe legen, nochmals erhitzen, mit ein wenig Schnittlauch bestreuen.
Nebenbei die Kartoffeln in Salzwasser garen und schälen. Grob stampfen oder feinwüfelig schneiden. In einer Pfanne mit dem Öl knusprig anbraten.

5.47 Tee Bärentraubenblättertee

Kühlt feuchte Hitze in der Blase.
Kochzeit 10 Min.
Kalorien p. Portion: 0
4 Portionen

Zutaten:
Bärentraubenblätter 2 EL / 8g. - kühl - bitter ....ja
Wasser 1/2 Liter / 500g. - kühl - salzig ....ja

Kochanleitung:
Wasser zum Kochen bringen und wegstellen. Beerentraubenblätter dazugeben und 10 min. ziehen lassen. Nach Geschmack mit Honig süßen. Beim eingießen abseihen.

5.48 Tee Ginseng-Tee

Stärkt Herz, Lunge, Magen, Milz, Nieren-Qi.
Kochzeit 20 Min.
Kalorien p. Portion: 1
4 Portionen

Zutaten:
Ginseng 2 Teebeutel / 4g. - - ....ja
Wasser 1/2 Liter / 500g. - kühl - salzig ....ja

Kochanleitung:
Eine sehr milde Form der Einnahme von Ginseng erreicht man, wenn man ihn in eine Thermoskanne mit heißem Wasser legt. Dabei kann man die Wurzel auch mehrmals verwenden, also nicht nur für eine

Kannenfüllung. Idealerweise sollte man das Wasser 10 Minuten lang gekocht haben - es wird dann der Wandlungsphase Feuer zugeordnet - und Heilquellenwasser ohne Kohlensäure benutzen, wenn die Qualität des Wassers vor Ort nicht gut ist.
Einnahme: Dieser milde Ginsengtee kann zur Kräftigung den ganzen Tag über getrunken werden.

5.49 Tee Mischung Harnsäuresenkend

Kochzeit 10 Min.
Kalorien p. Portion: 0
2 Portionen

Zutaten:
Teemischung Harnsäuresenkend 2 TL / 3g. - - ....empfehlenswert
Wasser 1/4 Liter / 250g. - kühl - salzig ....ja

Kochanleitung:
Teemischung aus der Apotheke oder Reformhaus beziehen.

2 TL. der Mischung mit 1/4 Liter kochendem Wasser überbrühen, 10Min. ziehen lassen, abseihen.
Bei erhöhtem Harnsäurewert kann es zu Beginn einer Teekur zu Gelenkschmerzen kommen. Diese sind eine Reaktion auf die Ausspülung der Harnsäure aus dem Körper. Es soll sich auch in dieser Zeit viel bewegt werden, um den Ausscheidungsprozess zu beschleunigen und zu unterstützen.

5.50 Tee Rosmarintee

Trocknet aus, leitet nach unten. Stärkt Herz, Lunge und Milz-Qi, Stärkt Leber-Blut. Stärkt Herz-Yin. Vertreibt Milz Hitze/Kälte Feuchtigkeit. Stärkt Milz- und Nieren-Yang.
Kochzeit 15 Min.
Kalorien p. Portion: 1
4 Portionen

Zutaten:
Rosmarin 2-4 TL / 6g. - warm - bitter ....ja
Wasser 1/2 Liter / 500g. - kühl - salzig ....ja

Kochanleitung:
Wasser zum Sieden bringen und wegstellen. Rosmarin dazugeben und 10 min. ziehen lassen. Ev. mit Honig süßen.

5.51 Tee Thymian-Tee

Wandelt Schleim um, stärkt Lunge und Milz, trocknet aus, leitet nach unten.
Kochzeit 10 Min.
Kalorien p. Portion: 0
4 Portionen

Zutaten:
Thymian 2 gehäufter TL / 6g. - warm - bitter ....empfehlenswert
Wasser 1/2 Liter Wasser / 500g. - kühl - salzig ....ja

Kochanleitung:
Das trockene Kraut wird mit kaltem Wasser zugestellt und einmal aufgekocht und abgeseiht.
2 bis 3 Tassen täglich schluckweise trinken

5.52 Tee Wacholderbeeren

Trocknet aus, leitet nach unten, Aktiviert Wei Qi.
Kochzeit 10 Min.
Kalorien p. Portion: 10
1 Portion

Zutaten:
Wacholderbeere 1 TL / 3g. - warm - süß, scharf, bitter ....empfehlenswert
Wasser 1 Tasse / 125g. - kühl - salzig ....ja

Kochanleitung:
Ein Teelöffel getrocknete Wacholderbeeren für eine Tasse Tee. Kalt ansetzen und kurz aufkochen. 15 Minute ziehen lassen, dann abseihen. Dieser Tee wird ungesüßt und schluckweise, langsam getrunken. Die Menge reicht für einen Tag.

5.53 Tee Zimt

Erwärmt Magen und Milz, fördert Durchblutung und Leitbahnfluss, lindert Kälte-Übel und Schmerzen.
Kochzeit 15 Min.
Kalorien p. Portion: 2
1 Portion

Zutaten:
Zimtstange 1/4 Stück / 1g. - heiß - scharf, süß........................empfehlenswert
Wasser 1 Tasse / 125g. - kühl - salzig ....ja

Kochanleitung:
Ein viertel Stange Zimt für eine Tass Tee. Kalt ansetzen und kurz
aufkochen. 15 Minute ziehen lassen, dann abseihen.
Dieser Tee wird ungesüßt und schluckweise, langsam getrunken. Die
Menge reicht für einen Tag.

6 Wirkung der Lebensmittel

6.1 Zutaten verwenden: empfehlenswert

Angelikawurzel
Artischocke
Baldrian
Banane Kochbanane
Basilikum
Basilikum (frisch)
Boxhornkleesamen
Brennnessel
Buchweizen
Buchweizen (geröstet) Kasha
Buttermilch
Chicorée
Cranberries
Fencheltee
Frauenmantel
Gänseblümchen
Gelee Royal
Grundrezept für eine Gemüsebrühe
nahrhaft
Grundrezept für eine Hühnerbrühe
wärmend
Hagebuttentee
Hering
Hibiskustee
Hirsch Fleisch
Hirseflocken
Holunderbeeren
Holunderblütentee
Huhn Fleisch
Huhn Leber
Hüttenkäse
Ingwer frisch
Jakobstränen
Joghurt (natur, 1,5 % Fett)
Joghurt (natur, 3,5 % Fett)
Kaffee

Käsepappeltee
Knoblauch
Leinöl
Mohn
Muskatnuss
Olivenöl
Pastinake
Preiselbeermarmelade
Quinoa
Radicchio
Rapsöl
Reis Vollkorn
Reis Wilder (Naturreis)
Roggen
Roggen Vollkornbrot
Roggenmehl
Saubohnen (Dicke Bohnen)
Sauermilch
Schafskäse
Schlehdorn
Schnecke
Schokolade (Diabetiker)
Stevia (Süßkraut)
Teemischung Harnsäuresenkend
Thymian
Tsampa (geröstetes Gerstenmehl)
Wacholderbeere
Wachtel
Walnussöl
Weiße Bohnen
Weizenkeimöl
Yamswurzel, Yamswurzelknolle
Zimtpulver
Zimtstange
Zitronenmelisse (frisch)
Zitronenmelisse (getrocknet)

6.2 Zutaten verwenden: ja

Acaipulver
Adzukibohnen
Agar-Agar, Agartang
Aloesaft
Amaranth POPS
Andornkraut
Anis (gemeiner Fenchel)
Apfel (sauer)
Astronautenkost
Austern
Austernschalenpulver
Backpulver
Bambussprossen
Banane
Banchatee
Bärentraubenblätter
Bärlauch (Knoblauchspinat)
Barsch
Bataviasalat
Benediktinerdistel
Berberitzenrindetee
Bier (alkoholfrei)
Blattsalate (bitter)
Blütenpollen
Bocksdornfrüchte (Fructus Lycii) getrocknet
Bockshornklee
Bohnenkraut
Borretsch
Borretschöl
Brombeerblätter
Brombeere getrocknet (unreife)
Brot mit Johannisbrotkernmehl
Buchweizen Vollkorn
Bulgur (Getreide)
Buschbohnen
Butterbohnen weiße
Camembert
Channa-Dal
Chili (Schote oder gemahlen)
Chlorella (Süßwasser)
Couscous
Cumin (Kreuzkümmel)
Curry
Dashi
Dill
Dinkel
Dinkel Brot
Dinkel Flocken
Dinkel Gries
Dinkel Vollkornmehl

Distelöl
Dornhai (Seeaal, Schillerlocken)
Dorsch
Dulse (Lappentang)
Edamer
Eibennuss
Eibisch (Hibiscus)
Eisbergsalat
Endiviensalat
Ente (Frühmastente, schlachtfrisch)
Ente (Herz)
Erbse, grün
Erbsen
Färberdiestel (Hong Hua)
Färberginsterkraut
Fasan
Fenchelsamen gemahlen
Feta
Fisch Innereien
Fischreste
Fischstücke gemischt (Süßwasser)
Flohsamen
Flunder
Forelle
Frischkäse
Frischkäse aus Soja
Galgant
Gans
Gans (Gänseklein)
Garam Masala Pulver
Gerste
Gerste (Nacktgerste)
Gerstengraupen
Gerstenmehl
Getreidekaffee
Ginkgofrucht
Ginseng
Ginsengwurzel
Grundrezept für eine Entenbrühe
Grundrezept für eine Fischbrühe
Grundrezept für eine Reissuppe (Congee)
Grundrezept für eine Rinderbrühe (klar)
Grünkern
Guave
Gurke
Gurke (bitter)
Gurke (Gewürzgurke)
Hafer
Hafer Flocken (Vollkorn)
Hafer Mehl

Haselnüsse
Hefe
Heidelbeere
Hijiki
Himbeerblättertee
Himbeere
Himbeere getrocknet (unreife)
Hirsch Knochen
Hirse
Honigmelone
Hopfen
Huhn Eigelb
Huhn Herz
Huhn Magen
Ingwer Pulver
Ingweröl
Jasminblütentee
Johannisbrotkernmehl
Kabeljau
Kakao
Kaktusfeige
Kalmus
Kamille
Kaninchen Fleisch
Kapern (eingelegt)
Karotte (Frühkarotte)
Karotte (Mohrrübe, Möhre)
Karottensaft ohne Zucker
Kartoffel
Kartoffel (mehlige)
Kartoffelmehl
Kaviar
Kefir
Kerbel
Kichererbsen
Kirsche (sauer)
Klementine
Klettenwurzeltee
Kohlrabi
Kohlrübe
Kokosflocken
Koriander
Koriandergrün
Kraeuter verschiedene Sorten
Krake
Kräuter bittere
Kräuter der Provence
Kräuter verschiedene
Kräuter Wildkräuter
Kuhmilch (1,5 % Fett)
Kuhmilch (Vollmilch 3,5 % Fett)
Kukichatee
Kumquat
Kürbis

Kurkuma (Gelbwurz)
Languste
Lauch (Porree)
Lauchzwiebel Schnittlauch
Lavendelblüten
Leberglättertee
Leinsamen
Leinsamen (geschrotet)
Liebstöckel
Liebstöckelsamen
Limabohnen
Lindenblütentee
Linsen (Helmbohnen)
Linsen gelb
Linsen rot
Linsen schwarz
Longane
Loquate/Japanische Mispel
Lorbeerblatt
Lotossamen
Löwenzahnsaft
Löwenzahnwurzeltee
Maishaartee
Majoran
Makannastern Samen
Malventee
Maniokmehl
Meeräsche
Meereskrebs
Miesmuscheln
Mineralwasser
Miso
Miso schwarz (fermentiert)
Mispel
Mittelmeerfisch (Kabeljau, Scholle,
Schellfisch, Seeaal, Makrele)
Molke
Mozzarella
Mu-Erh-Pilz
Mungbohnensprossen
Nelke
Nierenbohnen (rote)
Nudeln (Vollkorn) mit Ei
Odermennig
Okra
Oliven grün
Orange abgeriebene Schale
Orangenblüten
Oregano frisch
Oregano getrocknet
Paranuss
Passionsblumenblütentee
Petersilie
Petersilienwurzel

Pfeilwurzelmehl
Piment
Pinienkerne
Pintobohnen gesprenkelt
Pistazien
Pute Brustfleisch
Qualle
Reh Fleisch
Reis Reisschleim
Reis Roter
Reis Schwarzer
Rettich (weiß, grün, lila-rot)
Rettich Meerrettich (Kren)
Rettich schwarz
Rettichblätter (vom Wochenmarkt)
Rind Herz (Kalb)
Rind Magen
Römersalat/Lattich-Salat
Rooibos
Rosenblättertee
Rosenblütentee
Rosenkohl
Rosenpaprika
Rosenpaprika Pulver
Rosmarin
Rotbarsch
Rote Rübe
Rotkohl
Safran
Sago (Getreide)
Sahne sauer 10%
Salz Kräutersalz
Sanddorn
Sauerampfer
Sauerrahm (Schmand) 30% Fett
Sauerrahm 15% Fett
Schafgarbe
Schafgarbentee
Schafmilch Joghurt
Schafsmilch
Schmelzkäse 12%
Schokolade
Scholle
Schwarzaugenbohnen
Schwarze Bohnen
Schwarzer Fungu Pilz
Schwarzkümmel
Schwarztee
Schwedenkraut (Schwedenbitter)
Schwein Blut
Schwein Darm
Schwein Hirn
Schwein Lunge
Schwein Magen

Seegurke
Senf
Senf Dijon
Senf mittelscharf
Senf süß
Senfsamen
Sesam Paste (Tahini)
Sesam, Schwarzer
Sesam, Weißer
Sesamöl
Sesamöl geröstet
Silbermorchel, getrocknet
Soja Cuisine (Soja-Sahne)
Sojabohnen, Gelbe
Sojabohnen, Schwarze
Sojabohnenmilch
Sojaöl
Sonnenblumenkerne
Spargel (grün oder weiß)
Speiserüben
Spinat
Spitzwegerichtee
Steinpilz/Herrenpilz
Sternanis
Süßholzwurzeltee
Süßkartoffel
Süßwasserfisch
Taube
Taube Ei
Thymian getrocknet
Tintenfisch
Topfen 20%
Traubenkernöl
Trüffel
Umeboshipaste
Umeboshipflaumen (Japanaprikosen)
Vogelmiere
Vogerlsalat (Pflücksalat)
Wachtel Ei
Wasser
Wasser heiss
Weißdorn
Weißfischchen
Weißkohl/Weißkraut
Weißwurz
Weizen Gras Pulver
Weizengrassaft
Wermutkraut
Wildkräuter
Wildschwein Fleisch
Wirsing/Grünkohl
Yogitee
Ysop
Ziege

Ziegen- und Schafshirn
Ziegen- und Schafsleber
Ziegen- und Schafsmagen
Ziegen- und Schafsmilch
Ziegenkäse
Zitrone Schale

Zitronengras
Zwiebel Frühlingszwiebel
Zwiebel rot
Zwiebel Schalotte
Zwiebel weiss

6.3 Zutaten verwenden: wenig

Agavendicksaft
Ahornsirup
Amaranth
Ananassaft ungezuckert
Aprikose
Aubergine
Austernpilze
Avocado
Beeren der Saison
Birne
Bitterklee
Bitterlikör
Blumenkohl (Karfiol)
Bohnen (grün, frisch)
Bohnenöl
Brie
Brokkoli
Brombeere
Brösel (Weizenbrot, Semmel)
Brötchen (Semmel)
Butter (halbfett)
Butter Bio
Calamari
Chenpi (chinesische
Mandarinenschale)
Chinakohl
Chrysanthemenblütentee
Clementinen
Currypaste rot
Emmentaler
Erdbeere
Erdnussöl
Essig (Apfelessig)
Essig (Rotweinessig)
Essig Aceto Balsamico
Essig Aceto Balsamico weiss
Essiggurke
Estragon
Feldsalat
Fenchel
Fischsouce
Forelle (geräuchert)
Frischkäse mit Kräuter
Gagelpflaume
Gänseei

Garnele
Gelatine weiss
Gerste (Perlgerste)
Gerstengras Pulver
Gerstengrütze
Gorgonzola
Gouda
Grapefruit getrocknete Schale
Grapefruit/Pampelmuse/Pomelo
Grapefruitsaft
Graskarpfen
Hafer Flocken geröstet
Hafer Milch
Hafer Schmelzlocken (Babynahrung)
Hafer Schrot
Hagebutte
Hase
Hase, wild
Heidelbeersaft
Heilbutt
Hiobsträne (Samen) YiYi Ren
Hirsch Nieren
Hokkaidokürbis
Huhn Blut
Huhn Ei
Hummer
Johannisbeermarmelade (schwarz)
Johannisbeernektar (schwarz)
Kaffeeweißer
Kaninchen Leber
Karambole/Sternfrucht
Kardamom
Karpfen
Kastanien (Maronen)
Kokosmilch
Kokosnussfleisch
Kokosraspeln
Kopfsalat
Korinthen (rot)
Korinthen (schwarz)
Krabbe
Kümmel
Kümmel gemahlen
Kürbiskernöl
Lachs

Lamm Fleisch
Lamm Knochen
Lamm Schulter
Luohan-Frucht
Lychee
Magermilchpulver
Mais
Mais (geröstet)
Mais (Schnellpolenta)
Mais Gries (Polenta)
Mais Mehl (Maizena)
Maiskeimöl
Maisstärke
Makrele
Malz
Mandelmilch
Mangold
Margarine
Margarine (Diät)
Maulbeerfrucht
Mixed Pickels
Moosbeere
Morchel (schwarz, getrocknet)
Mungbohne
Nachtkerzenöl
Nektarine
Nori, Purpurtang, Rotalge
Oliven
Orange getrocknete Schale
Orange Schale
Paprika
Paprika (Rosenpaprika)
Paprika (süß)
Parmesan
Passionsfrucht (Maracuja)
Peperoni
Peperoni, gelb, entkernt, halbiert
Peperoni, rot, entkernt, halbiert
Pfeffer Cayenne
Pfeffer Körner
Pfeffer weiss (gemahlen)
Pfefferminze
Pfefferminztee
Pfifferlinge/Eierschwammerl
Preiselbeere
Preiselbeersaft
Puddingpulver Vanille
Quargel 20%
Radieschen
Reineclaude
Reis Basmatireis
Reis Duftreis
Reis Gaoliangreis (Sorghum)
Reis Klebreis

Reis Langkornreis
Reis Rundkornreis
Reis Sorte beliebig
Reis Süßer
Reishi
Reismalz
Reismehl
Reisnudeln
Reisstärke
Rind (Kalb)
Rind Filet
Rind Fleisch
Rind Fleischknochen
Rind Herz
Rind Leber
Rind Lunge (Kalb)
Rind Ochsenschwanzstücke
Rind Suppenfleisch
Rote Grütze (ohne Zucker)
Sahne 10% Kaffeesahne
Sahne sauer 20%
Sahne, süß 30%
Salz
Sardellen/Sardine
Schaffleisch
Schlagobers (30 % Fett)
Schmelzkäse 30%
Schwein Fleisch
Schwein Herz
Schwein Leber
Sellerie Knolle
Sellerie Stangensellerie
Shiitake, getrocknet
Shrimps
Soja Tofu
Soja Tofu geräuchert
Sojabohne
Sojabohnen, Schwarze, fermentiert
Sojacreme
Sojamehl
Soja-Nudeln
Sojasauce
Sonnenblumenöl
Stachelbeere
Stangenbohnen (Fisolen)
Stutenmilch
Süßwasserkrebs
Tabasco
Thunfisch
Tomate
Tomatenpüre
Tomatensaft
Tonicwasser
Topfen 40%

Trauben weiß
Vanille
Vanillepulver
Vanilleschote
Vollkornbrot
Vollkornbrot mit ganzen Körner
Vollkornmehl
Wachskürbis
Wakame
Walderdbeeren
Walnüsse

Walnüsse geröstet
Wassermelone
Weizen/Roggen Grau- Schwarzbrot mit Hefe
Ziegen- und Schafsblut
Zucchini
Zucker braun
Zuckerersatz (Süßstoff)
Zwetschken

6.4 Kontraindikativ wirkende Lebensmittel nicht verwenden

Aal
Aal geräuchert
Acerola Fruchtnektar oder Pulver
Ananas
Ananas (aus der Dose)
Apfel (süß)
Apfelmus
Apfelsaft (Naturtrüb)
Aprikose getrocknet
Aprikosen Marmelade
Aprikosennektar
Beerensaft
Bier (alkoholarm)
Bier (Altbier)
Bier (Pils)
Birnensaft
Bitter Lemon
Bitterorangenschale
Blätterteig
Bratöl
Brombeermarmelade
Butterschmalz
Campari
Cashewnüsse
Champignon
Colagetränk
Colagetränk (kalorienarm)
Creme fraîche
Datteln getrocknet
Datteln rot
Entenei
Enzianwurzel
Erdbeermarmelade
Erdbeersaftgetränk
Erdnuss (geröstet)
Erdnussbutter
Erdnüsse
Feige
Feige getrocknet

Fernet Branca (Kräuterbitterlikör)
Flaschenkürbis
Früchtetee
Fruchtzucker (Fruktose, Traubenzucker)
Gans (Gänseschmalz)
Gänseblut
Gemüsesaft
Gerstenmalz
Ginsenglikör
Glühweingewürzmischung
Granatapfel
Grüner Tee
Haifisch
Hammel
Heidelbeere getrocknet
Heidelbeermarmelade
Himbeermarmelade
Honig
Honigwein (Met)
Huhn Eiweiß
Joghurt Vanille
Johannisbeere (rot)
Johannisbeere (schwarz)
Johannisbeere (weiß)
Johannisbeermarmelade (rot)
Kaki-Pflaume
Kapuzinerkresse
Karausche
Kerbel getrocknet
Kirsche
Kirschenkompott
Kirschsaft
Kiwi
Knäckebrot
Kokosfett
Kombualge
Kompott (Früchte der Saison)
Kräuterteemischung

Kresse
Kudzu
Kürbiskerne
Lamm Leber
Lamm Nieren
Laugengebäck
Löffelbiskuit
Lotoswurzeln
Löwenzahn (junger)
Lychee (Konserve)
Lycheelikör
Malzbier
Mandarine
Mandelmus
Mandeln
Mandeln Marzipan
Mango
Mangopulver
Mangosaft
Marillen
Marillensaft
Martini
Mayonnaise 50%
Mayonnaise 80%
Mehrkornbrot (Graubrot)
Melisse
Mirabelle
Müsli
Nudeln (Weizen) mit Ei
Nudeln (Weizen, Bandnudeln) mit Ei
Nudeln (Weizen, Lasagneblätter) mit Ei
Nudeln (Weizen, Spagetti) mit Ei
Obstmischung Fruchtsaft
Orange
Orangenmarmelade
Orangensaft
Palmöl
Papaya
Pferd Fleisch
Pfirsich
Pfirsich (Dose)
Pflaume
Pflaume getrocknet
Prosecco
Pumpernickel
Pute Schinken
Quitte
Rhabarber
Rind Knochenmark
Rind Niere
Rosinen
Rotwein
Rum
Sahne sauer 30%

Sake
Salbei
Sauerkirsche
Sauerkraut
Sauerteig
Schimmelkäse
Schnaps
Schwarzwurzel
Schwein Bratwurst
Schwein Fett
Schwein Haut
Schwein Haxe (Eisbein)
Schwein Markknochen
(Röhrenknochen)
Schwein Mettwurst
Schwein Nieren
Schwein Schinken
Schwein Schinken gekocht
Schwein Schinken geselcht
Schwein Schinkenspeck
Schwein Schmalz
Sherry
Sojapaste (Miso)
Toastbrot (Vollkorn)
Tomate getrocknet
Tomatenmark
Trauben rot
Traubensaft rot
Traubensaft weiß
Vanillezucker natur
Weißbrot (Weizenbrot)
Weißbrot Baguette
Weißbrot Brösel (Weizenbrot)
Weißbrot Knödelbrot (Weizenbrot)
Weißbrot Salzstangerl
Weißbrot Semmel
Weißwein
Weizen
Weizen Bier
Weizen Bulgurweizen
Weizen Fladenbrot
Weizen Flocken
Weizen Gries
Weizen Gries - Kindergries
Weizen Mehl
Weizen Mehl Vollkorn
Weizenkleie
Wermut
Zitrone
Zitrone Saft
Zitrone, Limette
Zucker (Staubzucker)
Zucker (weiß, aus Rüben)
Zucker Fructose Fruchtzucker

Zucker Glukose Traubenzucker
Zucker Kandis weiß
Zucker Melasse
Zucker Milchzucker

Zucker Palmzucker
Zucker Ursüße (Zuckerrohr)
Zwieback

7 Komplementär

7.1 Koriander

7.2 Brennnessel Wurzel

Zubereitung: Verschiedene Möglichkeiten
Wirkung: Zerstreut Feuchtigkeit/Schleim, öffnet Wasserwege.

7.3 Goldrutenkraut

Zubereitung: Heil-Tee (Aufguss)
Wirkung: Zerstreut Feuchtigkeit. Reguliert Blasen-Qi, leitet Feuchte-Hitze aus.

7.4 Koriander

Zubereitung: Verschiedene Möglichkeiten
Wirkung: Reduziert inneren Wind. Tonisiert und reguliert Magen-Qi. Leitet Nässe-Hitze und Nässe-Kälte aus der Blase. Eliminiert Wind-Kälte. Reguliert und bewegt Leber-Qi.
Dosierung: 3-6 g
Hinweis: Wenn Masern oder Windpocken schon ausgebrochen sind, nicht verwenden. Nicht überdosieren.

7.5 Liebstöckelwurzel

Zubereitung: Verschiedene Möglichkeiten
Wirkung: Löst Feuchtigkeit-Kälte auf und leitet sie aus. Reguliert Qi, bewegt und stärkt. Transformiert Feuchtigkeit und Schleim, wärmt inneres. Eliminiert Wind-Kälte. Fördert die Wundheilung.

7.6 Meerrettich

Zubereitung: Verschiedene Möglichkeiten
Wirkung: Inneres wärmend, Yang tonisierend, Mitte aktivierend, Wind-Kälte zerstreuend. Leitet Feuchte-Kälte aus der Blase. Leitet Wind-Kälte und Hitze-Nässe aus.
Dosierung: Hinweis: Zuviel kann zu Reizungen im Magen - Darm u. Niere führen.

8 Grundlagen der Ernährung

Die hier beschriebenen Grundlagen der Ernährung zeigen allgemeine Empfehlungen und beziehen sich nicht auf eine spezielle Therapieform. Die Empfehlungen der Therapie haben Vorrang.

8.1 Ernährung

Die regelmäßige Einnahme von Mahlzeiten in entspannter Atmosphäre. Ein wärmendes Frühstück gilt als guter Start in den Tag. Mittags sollte die Hauptmahlzeit stattfinden - das Abendessen am frühen Abend.

Die Beachtung von Hunger- und Sättigungsgefühlen: Nicht überessen und nicht hungern, so lautet die Regel.

Die frische Zubereitung der Speisen aus naturbelassenen, regionalen Produkten. Tiefgekühlte, hitzekonservierte, industriell vorgefertigte oder mikrowellengegarte Lebensmittel werden abgelehnt.

Die Auswahl von Lebensmittel nach der Jahreszeit: Im Sommer mehr kühlende Nahrung, im Winter mehr wärmende Nahrung.

Mindestens zweimal am Tag Gekochtes essen. Speisen und Getränke sollen möglichst handwarm, niemals eiskalt oder heiß sein.

Rohkost, kurz gegartes Gemüse, frisch gepresste Säfte und Mineralwasser werden üblicherweise nicht empfohlen. Milch und Milchprodukte stehen nur dann auf dem Speiseplan, wenn sie problemlos vertragen werden.

Therapeutische Rezepte nicht über einen längeren Zeitraum ohne Rücksprache mit dem Arzt oder Therapeuten einnehmen.

1. Vielseitig essen
Lebensmittelvielfalt genießen. Merkmale einer ausgewogenen Ernährung sind abwechslungsreiche Auswahl, geeignete Kombination und angemessene Menge nährstoffreicher und energiearmer Lebensmittel. (Einerseits Schutz vor Unterversorgung mit essentiellen Nährstoffen und andererseits Schutz vor einer überhöhten Zufuhr unerwünschter Inhaltsstoffe.)

2. Reichlich Getreideprodukte - und Kartoffeln
Brot, Nudeln, Reis, Getreideflocken (am besten aus Vollkorn), sowie

Kartoffeln enthalten kaum Fett, aber reichlich Vitamine, Mineralstoffe, Spurenelemente sowie Ballaststoffe und sekundäre Pflanzenstoffe. Diese Lebensmittel sollten mit möglichst fettarmen Zutaten verzehrt werden.

3. Gemüse und Obst - Nimm "5" am Tag ...
5 Portionen Gemüse und Obst am Tag, möglichst frisch, nur kurz gegart, oder auch eine Portion als Saft – idealerweise zu jeder Hauptmahlzeit und auch als Zwischenmahlzeit: Damit werden reichlich Vitamine, Mineralstoffe sowie Ballaststoffe und sekundären Pflanzenstoffe (z.B. Carotinoiden, Flavonoiden) zugeführt. Das Beste, was man für die eigene Gesundheit tun kann.

4. Täglich Milch und Milchprodukte, ein- bis zweimal in der Woche
Fisch; Fleisch, Wurstwaren sowie Eier in Maßen. Diese Lebensmittel enthalten wertvolle Nährstoffe, wie z.B. Calcium in Milch, Jod, Selen und Omega-3-Fettsäuren in Seefisch. Fleisch ist wegen des hohen Beitrags an verfügbarem Eisen und an den Vitaminen B1, B6 und B12 vorteilhaft. Mengen von 300 - 600 g Fleisch und Wurst pro Woche reichen hierfür aus. Fettarme Produkte bevorzugen, vor allem bei Fleischerzeugnissen und Milchprodukten.

5. Wenig Fett und fettreiche Lebensmittel
Fett liefert lebensnotwendige (essenzielle) Fettsäuren und fetthaltige Lebensmittel enthalten auch fettlösliche Vitamine. Fett ist besonders energiereich, daher kann zu viel Nahrungsfett Übergewicht fördern, möglicherweise auch Krebs. Zu viele gesättigte Fettsäuren fördern langfristig die Entstehung von Herz-Kreislauf-Krankheiten. Pflanzliche Öle und Fette bevorzugen (z.B. Raps-, Oliven- und Sojaöl und daraus hergestellte Streichfette). Auf unsichtbares Fett achten, das in Fleischerzeugnissen, Milchprodukten, Gebäck und Süßwaren sowie in Fast-Food- und Fertigprodukten meist enthalten ist. Insgesamt 70 - 90 Gramm Fett pro Tag reichen aus.

6. Zucker und Salz in Maßen
Nur gelegentlich Zucker und Lebensmittel, bzw. Getränke verzehren, die mit verschiedenen Zuckerarten (z.B. Glucose Sirup) hergestellt wurden. Kreativ mit Kräutern und Gewürzen und wenig Salz würzen. Jodiertes Speisesalz bevorzugen.

7. Reichlich Flüssigkeit
Wasser ist absolut lebensnotwendig. Jeden Tag rund 1-2 Liter Flüssigkeit trinken. Wasser (ohne oder mit Kohlensäure) und andere kalorienarme Getränke bevorzugen. Alkoholische Getränke sollten nicht konsumiert

werden.

8. Schmackhaft und schonend zubereiten

Die jeweiligen Speisen bei möglichst niedrigen Temperaturen garen, soweit es geht kurz, mit wenig Wasser und wenig Fett - das erhält den natürlichen Geschmack, schont die Nährstoffe und verhindert die Bildung schädlicher Verbindungen.

9. Sich Zeit nehmen und das Essen genießen

Bewusstes Essen hilft, richtig zu essen. Auch das Auge isst mit. Sich beim Essen Zeit lassen. Das macht Spaß, regt an, vielseitig zuzugreifen und fördert das Sättigungsempfinden.

10. Auf das Gewicht achten und in Bewegung

Ausgewogene Ernährung, viel körperliche Bewegung und Sport (30 bis 60 Minuten pro Tag) gehören zusammen. Mit dem richtigen Körpergewicht fühlt man sich wohl und fördert die Gesundheit.
Thermik, Wirkrichtung, Verdauungskraft
Es gibt unterschiedliche Kriterien, die Wirksamkeit von Kräutern und Lebensmittel zu beurteilen. Der Einsatz der Kräuter und Zutaten basiert auf Beobachtung, was die Lebensmittel, Kräuter und Gewürze nach ihrem Verzehr im Körper bewirken. In der Medizin hat sich daraus folgendes System entwickelt: Jede Zutat oder Kraut hat eine Wirkrichtung. Außerdem gibt es noch Kräuter, die eine besondere Wirkung auf bestimmte Organe haben.

Voraussetzung für einen gesunden Stoffwechsel ist es, darauf zu achten, dass wir ausreichend Energie aus der Nahrung gewinnen und der Verdauungsprozess so wenig Energie wie möglich verbraucht. Eine bekömmliche Mahlzeit macht zufrieden und satt, verursacht keine Blähungen und keine Müdigkeit nach dem Essen. Richtiges Würzen erhöht die Bekömmlichkeit unserer Speisen. Es genügen oft schon geringe Mengen an Kräutern und Gewürzen. Sie dienen nicht dazu, uns satt zu machen, sondern helfen unseren Verdauungsorganen, die Nahrung zu verdauen.

8.2 Rezepte

Die Rezepte zeigen Ihnen welche Zutaten verwendet werden sowie mit der Kochanleitung wie diese zubereitet werden. Bei den Zutaten wird neben den Mengenangaben auch die Wichtigkeit für die Therapie angezeigt. Wenn dabei angezeigt wird "weniger als angegeben" versuchen Sie diese Empfehlung einzuhalten oder eine Alternative aus der Liste der "Empfohlenen Lebensmittel" zu finden. Meistens ist es nur eine leichte geschmackliche Änderung wenn Sie diese Zutat gänzlich weglassen.

Schonende Kochmethoden: Kochen, dämpfen, pochieren, dünsten
Scharfe Kochmethoden: Grillen, rösten, anbraten, räuchern
Ausgeglichene Kochmethoden: Frittieren, Römertopf

Auf das Einfrieren und erwärmen in der Mikrowelle sollte verzichtet werden (Denaturierung).

8.3 Lebensmittel

Lebensmittel wirken wie Heilkräuter auf Körper und Geist, nur wesentlich sanfter. Die Ernährungsberatung stützt sich hauptsächlich auf heimische Lebensmittel. Das Wissen über die Wirkungsweisen jedes einzelnen Lebensmittels und das Wissen wann welche Lebensmittel zur Anwendung kommen, entstammt der Schulmedizin. Verwende Sie möglichst Erzeugnisse aus ökologischen-biologischem Landbau.

Da wegen der besseren Verdaulichkeit grundsätzlich alles lange gekocht und kaum roh gegessen wird, ist die Verträglichkeit hervorragend.

Die Einteilung der Lebensmittel entsprechend ihrer Wirkung auf den Körper und bildet die Basis, um einen ausgewogenen und harmonischen Gesundheitszustand im Körper zu erreichen.

Grundsätzlich empfiehlt die Ernährungsberatung keine bestimmten Lebensmittel für Jedermann. Ausschlaggebend für den individuellen Speiseplan ist vor allem die persönliche Konstitution.

Kaufen Sie nur frisches und reifes Obst und Gemüse ein. Braune Stellen, welke Blätter aber auch unreifes Obst und Gemüse sollten Sie im Supermarkt zurücklassen. Greifen Sie dann zu Tiefkühlware (keine Fertiggerichte!). Tiefkühlobst und -gemüse werden kurz nach dem Ernten schockgefroren und enthalten deshalb oftmals mehr Vitamine und Mineralstoffe, als die Ware aus der Obst- und Gemüsetheke! Konserven- und Dosenware dagegen enthält wesentlich weniger Biostoffe. Zudem werden Letztere meist mit Salz, Zucker usw. angereichert. Lassen Sie die Zutaten nach dem Waschen nie im Wasser liegen, denn so gehen viele Vitalstoffe ins Wasser über! Putzen Sie Salate, Früchte und Gemüse erst unmittelbar vor Verzehr.

Beachten Sie bitte die hygienische Verarbeitung der Lebensmittel. Waschen Sie Ihre Salate, Früchte und Gemüse gründlich. Bei Gerichten mit Fleisch bereiten Sie zuerst die Zutaten vor und verarbeiten dann die Fleischprodukte. Reinigen Sie danach die Arbeitsflächen und Werkzeuge besonders gründlich. Holzunterlagen sollten regelmäßig mit leichtem Desinfektionsmittel behandelt werden um die Keimbildung einzuschränken.

Bewahren Sie Obst und Gemüse möglichst getrennt voneinander auf. Auch geerntete Früchte und Gemüse leben und strömen z.B. Ethylengas aus, das andere Sorten schneller reifen und altern lässt. Fleisch und Fisch in der verschlossenen Verpackung lassen oder in luftdichten Boxen im Kühlschrank aufbewahren.

8.4 Kräuter

Bei der Aufbewahrung und Lagerung von Heilkräutern, müssen gewisse Grundregeln beachtet werden. Grundsätzlich müssen Heilkräuter geschützt vor direkter Sonneneinstrahlung, vor Feuchtigkeit und vor heißen Temperaturen gelagert werden.

Als Gefäße für die Lagerung von Heilkräutern können Gläser, Keramik-Behälter und zur Not auch Plastik-Dosen eingesetzt werden. Plastik ist aber ein sehr unreines Material und sollte daher wirklich nur eine kurzfristige Notlösung sein. Bei Glasbehältern ist darauf zu achten, dass dunkles Glas verwendet wird.

Heilkräuter können nicht beliebig lange aufbewahrt werden. Die Haltbarkeit von Heilkräutern ist auf jeden Fall begrenzt. Durch die Haltbarkeitsdauer kann durch sachgerechte Lagerung wesentlich erhöht werden. So soll der Lagerplatz dunkel, eher kühl und absolut trocken sein. Ein Medizinschrank aus Holz, der nicht direkt bei einer Wärmequelle platziert ist wäre ideal. Um Ihre Heilkräuter nicht wegwerfen zu müssen, kaufen Sie nicht zu große Mengen an Heilpflanzen. Beschriften Sie die Behälter mit dem Namen des Heilkrauts und dem Datum der Ernte bzw. der Verarbeitung.

9 Weitere Ernährungsvorschläge

Folgende Syndrome der Diätetik, der TCM oder als Therapieergänzung bei Krebs sind verfügbar.

DIÄTETIK

1. Ernährung des Säuglings - Beikost
2. Ernährung in der Stillzeit
3. Ernährung im Alter
4. Ernährung von Kindern und Jugendlichen
5. Ernährung von Sportlern
6. Leichte Vollkost
7. Schwangerschaft
8. Vollkost

Eiweiß und Elektrolyt – Nieren

9. (Hämo-)Dialysebehandlung
10. Akutes Nierenversagen
11. Chronische Niereninsuffizienz
12. Nephrotisches Syndrom
13. Nierensteine (Nephrolithiasis)

Gastrointestinaltrakt - Bauchspeicheldrüse

14. Akute Pankreatitis (Entzündung der Bauchspeicheldrüse)
15. Chronische Pankreatitis (Entzündung der Bauchspeicheldrüse)

Gastrointestinaltrakt - Dünndarm und Dickdarm

16. Akute Obstipation (Verstopfung)
17. Chronische Obstipation (Verstopfung)
18. Colon irritabile
19. Divertikulitis
20. Erworbene Laktoseintoleranz (Laktosemalabsorption)
21. Fruktosemalabsorption
22. Glutensensitive Enteropathie (Zöliakie)
23. Kolektomie
24. Kurzdarmsyndrom

Gastrointestinaltrakt - Leber, Gallenblase, Gallenwege

25. Akute und chronische Hepatitis (Entzündung der Leber)
26. Cholelithiasis (Gallensteine)
27. Fettleber
28. Leberzirrhose

Gastrointestinaltrakt - Magen und Zwölffingerdarm

29. Akute Gastritis
30. Chronische Gastritis
31. Magenblutung
32. Ulcus ventriculi und Ulcus duodeni
33. Zustand nach Magenoperation

Gastrointestinaltrakt - Mundhöhle und Speiseröhre

34. Mundschleimhautentzündung
35. Ösophaguskarzinom (Speiseröhrenkrebs)
36. Reflüxösophagitis (Sodbrennen)

spezielle Krankheiten

37. Phenylketonurie (PKU)
38. Rheumatische Gelenkserkrankungen

Stoffwechsel
39. Adipositas (Übergewicht)
40. Diabetes mellitus
41. Essstörungen (Untergewicht)
Fettstoffwechsel
42. Hypercholesterinämie (erhöhter Cholesterinspiegel)
43. Hepatische Enzephalopathie
Herz- und Kreislauf
44. Arteriosklerose (Arterienverkalkung)
45. Herzinsuffizienz
46. Hypertonie (Bluthochdruck)
47. Hyperurikämie und Gicht
veränderter Nährstoffbedarf
48. bei Fieber
49. bei malignen Erkrankungen
50. nach Verbrennungen
51. Strahlen- und Chemotherapie

KREBS
100. Bauchspeicheldrüse
101. Blasenkrebs
102. Blutkrebs (Leukämie)
103. Brustkrebs
104. Darmkrebs
105. Magenkrebs
106. Nierenkrebs
107. Speiseröhrenkrebs

TCM
200. Blase - Feuchte Hitze in der Blase
201. Blase - Feuchtigkeit und Kälte in der Blase
202. Blase - Leere und Kälte in der Blase
203. Dickdarm - äussere Kälte befällt den Dickdarm
204. Dickdarm - Feuchte Hitze im Dickdarm
205. Dickdarm - Hitze blockiert den Dickdarm II akut
206. Dickdarm - Trockenheit des Dickdarms
207. Dickdarm - Yang Mangel (Kälte)
208. Herz - Blut Mangel
209. Herz - Blut Stagnation
210. Herz - Feuer
211. Herz - Heisser Schleim verstopft die Herzporen
212. Herz - Kalter Schleim verstopft die Herzporen
213. Herz - Qi Mangel
214. Herz - Yang Mangel
215. Herz - Yin Mangel
216. Leber - aufsteigender Leber-Yang
217. Leber - Blut-Mangel
218. Leber - Blut-Stagnation
219. Leber - feuchte Hitze in Leber und Gallenblase
220. Leber - Feuer
221. Leber - Gallenblase Qi-Leere
222. Leber - Kälte im Lebermeridian
223. Leber - Qi-Stagnation

224. Leber - Wind
225. Leber - Wind mit aufsteigendem Leber Yang
226. Leber - Wind mit Blutleere
227. Leber - Wind mit extremer Hitze
228. Lunge - Qi Mangel
229. Lunge - Schleim-Feuchtigkeit in der Lunge
230. Lunge - Schleim-Hitze in der Lunge
231. Lunge - Schleim-Kälte in der Lunge
232. Lunge - Trockenheit der Lunge
233. Lunge - Wind-Hitze befällt die Lunge
234. Lunge - Wind-Kälte befällt die Lunge
235. Lunge - Yin Mangel
236. Magen - Blutstagnation
237. Magen - Feuer
238. Magen - Magenkälte mit Flüssigkeit
239. Magen - Nahrungsstagnation
240. Magen - Qi Mangel
241. Magen - rebellierendes Magen Qi
242. Magen - Yin Leere
243. Milz - Hitze und Feuchtigkeit befällt die Milz
244. Milz - Kälte und Feuchtigkeit befällt die Milz
245. Milz - Qi Mangel
246. Milz - Qi Mangel + Absinkendes MilzQi
247. Milz - Qi Mangel + Milz kontrolliert das Blut nicht
248. Milz - Yang Mangel
249. Niere - Herz und Niere kommunizieren nicht mehr
250. Niere - Jing Mangel
251. Niere - Nieren können das Qi nicht empfangen
252. Niere - Qi ist nicht fest
253. Niere - Yang Mangel
254. Niere - Yin Mangel

10 EBNS - Software für die Ernährungsberatung

Die Hauptaufgabe der Datenbank ist eine **„personalisierte Ernährungsberatung"** für jeden Patienten individuell. Die Datenbank wurde für die Diätetik und Traditionellen Chinesischen Medizin entwickelt. Sie unterstützt bei der Ausbildung und Beratung im Arbeitsalltag.

Das Computerprogramm liefert Listen von Rezepten, Zutaten und Kräuter, welche dem Klienten mitgegeben werden. Individuell nach Patienten-Wunsch von Vollkost bis Vegetarier (Lacto-, Ovo-, ...) einstellbar. Zu jedem Register gibt es ein INFOBLATT welches einmal dem Klienten mitgegeben werden kann.

Die Syndrome sind kombinierbar und ergeben eine Schnittmenge der empfehlenswerten Rezepte und Zutaten. Die automatisierte Diagnose für die TCM ermöglicht Ihnen während der Ausbildung Ihre Erfahrungen zu überprüfen sowie im Arbeitsalltag ihre Diagnose zu bestätigen. Sie wählen mehrere vordefinierte Symptome und lassen sich vom Programm die relevanten Syndrome automatisch anzeigen.

Wie Sie mit der Datenbank arbeiten können:
Sie können alle Werte verändern, neue Symptome oder Syndrome anlegen, Rezepte entwickeln, verändern oder Zutaten und Kräuter an Ihre Erkenntnisse anpassen. In der einfachen Klientenverwaltung werden alle relevanten Daten zu der Person gespeichert. Sie bekommen einen Überblick über die zurückliegenden Diagnosen und die Entwicklung des Krankheitsverlaufes.

Als Berater sparen Sie viel Zeit, wenn Sie für die erkannten Syndrome die Rezept-, Lebensmittel- und Kräuterlisten ausdrucken und den Klienten mitgeben. Diese Zeit können Sie für das persönliche Gespräch nutzen.

Alle Rezept- und Lebensmittellisten können Sie auch als Kombination mehrerer Erkrankungen bestellen. Mit der Datenbank können Sie außerdem für jedes Rezept die Nährstoffe und Spurenelemente angezeigt bekommen und Rezepte für Syndrome selbst mit vorgeschlagenen Zutaten entwickeln.

Weitere Informationen finden Sie auf http://www.ebns.at.
Josef Miligui, Tel.: +43 660 12 10 500